ROLAND WERNER

*Allein bei Gott
findet meine Seele Ruhe*

GEBETE DER BIBEL — NEU ENTDECKT

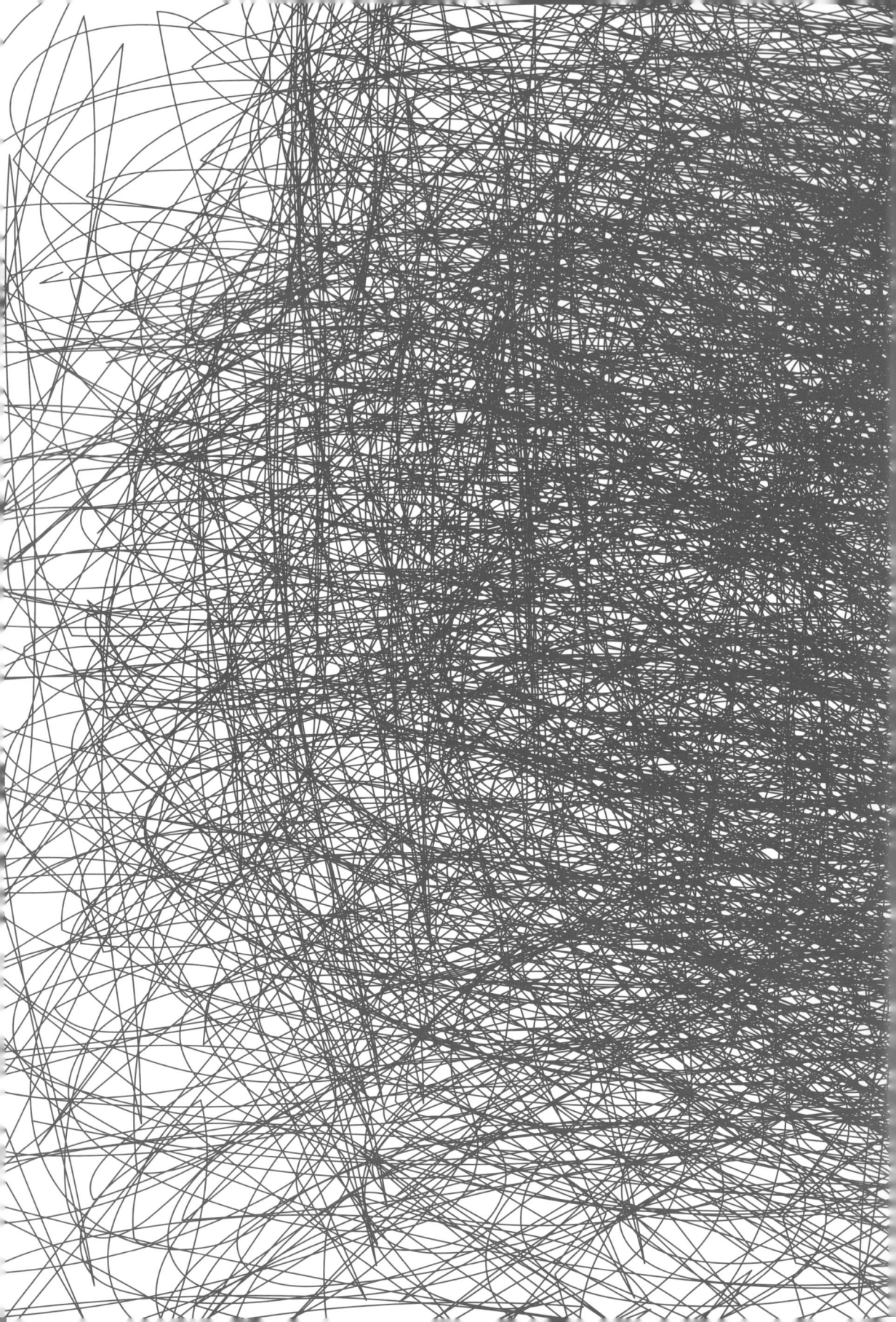

ROLAND WERNER

Allein bei Gott findet meine Seele Ruhe

GEBETE DER BIBEL — NEU ENTDECKT

SCM
Stiftung Christliche Medien

Der SCM Verlag ist eine Gesellschaft der Stiftung Christliche Medien, einer gemeinnützigen Stiftung, die sich für die Förderung und Verbreitung christlicher Bücher, Zeitschriften, Filme und Musik einsetzt.

© 2017 SCM-Verlag GmbH & Co. KG · 58452 Witten
Internet: www.scm-brockhaus.de; E-Mail: info@scm-verlag.de

Die Bibelverse sind, wenn nicht anders angegeben, folgender Ausgabe entnommen:
Das Buch. Neues Testament - übersetzt von Roland Werner.
© 2009 SCM R.Brockhaus im SCM-Verlag GmbH & Co. KG, Witten.

Gesamtgestaltung: Yellowtree – Agentur für Design und Kommunikation – www.yellowtree.de
Illustrationen: Tami Dorina Doikas (Cover), Sarah Strunk (Innenteil)
Druck und Bindung: dimograf
Gedruckt in Polen
ISBN 978-3-417-26827-0
Bestell-Nr. 226.827

Inhalt

VORWORT — 11

ALTES TESTAMENT

Die fünf Bücher Mose — 13
Die Geschichtsbücher — 18
Die Lehrbücher und poetischen Bücher — 23
Die Prophetenbücher — 80

NEUES TESTAMENT

Die vier Evangelien — 96
Die Briefe der Apostel — 104
Die Offenbarung — 117

Vorwort

Die Bibel ist ein wunderbares Buch.
So einfach, so ehrlich, so tief.

Die Bibel ist ein geheimnisvolles Buch.
Sie enthält Worte voller Weisheit und Kraft.

Die Bibel ist ein persönliches Buch.
In ihr hören wir die Stimme Gottes mitten in der Stimme von Menschen.

Die Bibel ist ein Buch, das die Weltgeschichte umspannt.
Sie erzählt die Geschichte von Menschen mit Gott.
Und sie erzählt die Geschichte Gottes mit den Menschen.

Entstanden ist sie in einem Zeitraum von über tausend Jahren.
Unzählige haben an ihr mitgeschrieben.
Bekannte Persönlichkeiten wie David, Jeremia, Lukas und Paulus,
und solche, deren Namen wir nicht kennen.

In der Bibel finden wir die Worte Gottes.
Gott spricht zu uns. Das allein ist schon ein Wunder,
ein unverdientes Geschenk.
Der ewige Gott, der Schöpfer aller Welt,
schweigt nicht, sondern redet zu uns!
Unglaublich, aber wahr.

In der Bibel hören wir aber auch die Stimme der Menschen.
Wir lesen von ihren Nöten und Hoffnungen,
ihren Erfolgen und ihrem Versagen, von Schuld und Verstrickung,
von Dankbarkeit und Freude.

Wer die Bibel liest, merkt bald: Gott redet uns nicht nach
dem Mund. Sein Wort enthält Ermahnung und Ermutigung,
Warnung und Wegweisung, Gebote und Versprechungen.
In allem will die Bibel uns den guten Weg des Lebens weisen.

So ist die Bibel im Tiefsten ein Zwiegespräch.
Sie ist das Echo von Gottes Reden und der Antwort von Menschen.
»Adam, wo bist du?« So fragt Gott die ersten Menschen.
Diese Frage gilt auch uns.

In den Gebeten der Bibel finden wir die Antworten derer, die vor uns im Gespräch mit Gott waren. Die Psalmen und Gebete im Alten Testament genauso wie die Lieder und Lobgesänge im Neuen Testament zeigen uns, mit welchen Worten und über welche Themen unsere Vorgänger im Glauben mit Gott geredet haben.

In ihren Worten finden auch unsere Worte einen Raum. In ihrer Klage und ihrem Lob, in ihrem Dankgebet und ihrer Fürbitte können auch wir es lernen, mit Gott zu sprechen.

Ehrfurchtsvoll als Geschöpfe zu ihrem Schöpfer, mit einfachem Vertrauen als Kinder zu ihrem Vater im Himmel.

Es stimmt: Bei Gott findet unsere Seele Ruhe.

Roland Werner

Pfingsten 2017

Die Gebete der Bibel in diesem Band wurden von mir übersetzt. Manche sind schon in der Übersetzung »das buch. NT und Psalmen« enthalten, andere erscheinen hier zum ersten Mal. In der Abfolge der Gebete folgen wir hier einfach der Reihenfolge in der Bibel. Ich lade herzlich ein zum Lesen und Mitbeten dieser wunderbaren »Gebete der Bibel«.

ALTES TESTAMENT
Die fünf Bücher Mose

4. MOSE 6,22–26

Gottes Segen für alle

Da sagte Adonai zu Mose:
»Sprich zu Aaron und zu seinen Söhnen:
Wenn ihr die Israeliten segnet,
sagt zu ihnen:
Es segne dich Adonai und er bewahre dich!

Adonai lasse sein Gesicht über dir erstrahlen
und er begnade dich!
Adonai wende sein Gesicht dir zu
und er bestimme dir Frieden!«

1. SAMUEL 2,1-10

Ein Herz voller Jubel

Da begann Hanna zu beten.
Sie sagte:
»Über ADONAI jubelt mein Herz,
durch ADONAI wird meine Würde aufgerichtet.
Voll Stolz widerspreche ich meinen Feinden,
ja, ich freue mich, weil du uns rettest.

Niemand ist heilig wie ADONAI!
Ja, niemand ist da außer dir,
und es ist kein Fels so wie unser Gott.

Redet nicht ständig so hochmütig und stolz
und lasst keine Angriffe aus eurem Mund kommen!
Denn Adonai ist ein Gott, der das weiß,
ja, er beurteilt das Tun der Menschen.

Zerbrochen sind die Bogen der Mächtigen,
doch wer zu Boden fiel, gewinnt neue Kraft.

Die immer genug hatten, müssen hart für ihr Brot arbeiten,
doch die Hungernden werden nun satt.
Selbst die Kinderlose bringt sieben Mal Kinder zur Welt,
aber die Kinderreiche verliert alle Kraft.

Adonai lässt sterben und macht lebendig,
er führt in die Unterwelt und holt wieder herauf.
Adonai lässt verarmen und schenkt Reichtum,
er erniedrigt und bringt zu Ehren.

Die Schwachen hebt er aus dem Staub,
aus der Asche erhebt er die Armen,
er setzt sie unter die Vornehmen
und gibt ihnen einen Ehrenplatz,
den keiner mehr wegnehmen kann.

Adonai gehören die Fundamente der Erde,
auf sie hat er den Erdkreis gesetzt.
Die Gottesfreunde beschützt er auf ihrem Weg,
doch die Gottesfeinde vergehen in der Dunkelheit,
denn kein Mensch besteht durch eigene Kraft.

Die gegen Adonai streiten, werden zerbrechen.
Vom Himmel her lässt er es gegen sie donnern.
Adonai ist der Richter der ganzen Welt!

Seinem König verleiht er Macht,
mit Würde krönt er seinen Gesalbten.«

ALTES TESTAMENT
Die Geschichtsbücher

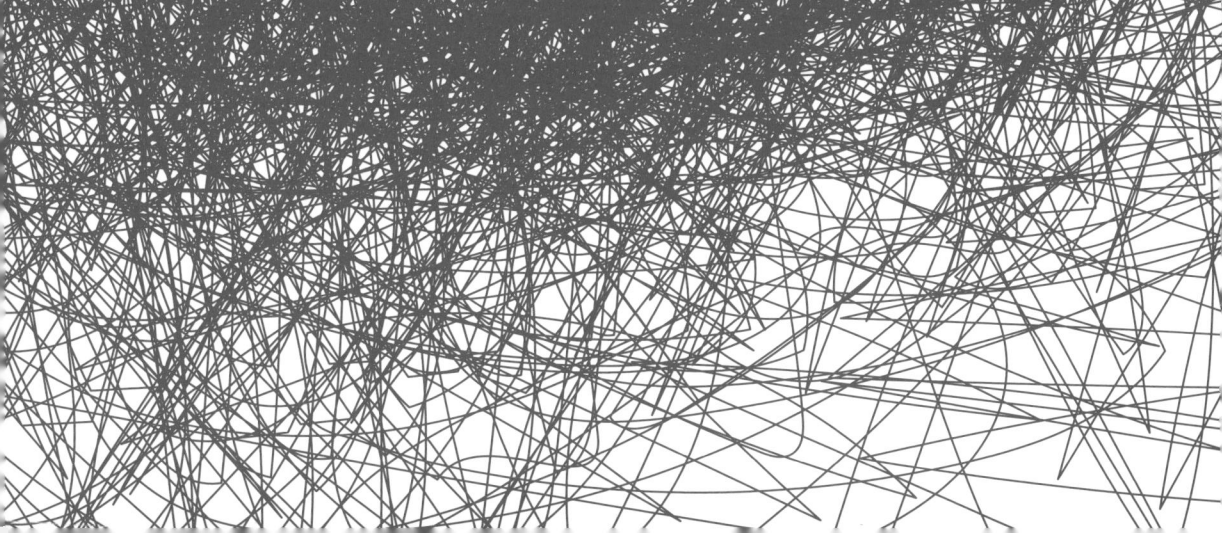

1. CHRONIK 16,8-36

Stimmt ein das Lob Gottes!

Dankt Adonai, ruft seinen Namen an!
Macht seine Taten bekannt unter den Völkern!
Singt für ihn, macht Musik für ihn,
sprecht über alle seine Wundertaten!

Ihr könnt stolz darauf sein, dass ihr seinen heiligen Namen kennt!
Von Herzen können sich die freuen, die nach Adonai fragen.

Fragt nach Adonai und nach seiner Macht,
sucht stets seine Gegenwart!

Erinnert euch an die Wunder, die er getan hat,
an seine Wunderzeichen und Urteilssprüche,
ihr, die Nachkommen von Israel, seinem Diener,
ihr, die ihr von Jakob abstammt, ihr, die er auserwählt hat.

Er ist Adonai, unser Gott.
Auf der ganzen Erde gelten seine Beschlüsse.

Er denkt für immer an seinen Bund,
an sein Wort, das er für Tausende von Generationen festlegte,
an das, was er Abraham zugesagt hat,
und an sein Versprechen an Isaak.

Er hat es für Jakob als Lebensordnung gesetzt,
ja, als ewigen Bund für Israel.

Er sagte: »Ich will dir das Land Kanaan geben
als Erbbesitz, der euch zugeteilt ist,
als ihr noch eine kleine Gruppe wart,
nur wenige und als Fremde im Land.«

Als sie noch von Volk zu Volk zogen,
von einem Königreich zum nächsten Volk,
da ließ er nicht zu, dass irgendjemand sie unterdrückte,
ja, er wies ihretwegen Könige in die Schranken:
»Tastet die nicht an, die ich gesalbt habe,
und tut meinen Propheten nichts Böses an!«

Singt für Adonai, ihr alle auf der Erde!
Sagt jeden Tag weiter, dass er Rettung bringt!
Erzählt unter den Nationen von seiner Herrlichkeit
und unter allen Völkern von seinen Wundertaten!

Denn groß ist Adonai und sehr zu preisen,
mehr zu fürchten als alle Götter.
Denn alle Götter der Völker sind reine Nichtse,
doch Adonai hat die Himmel erschaffen.

Glanz und Majestät sind vor ihm,
Macht und Freude dort, wo er wohnt.
Erweist Adonai, ihr Völkerstämme,
erweist Adonai Ehre und Macht!

Erweist Adonai die Ehre seines Namens!
Bringt Opfergaben dar und kommt vor ihn!
Betet an vor Adonai im Glanz der Heiligkeit!
Erzittert vor ihm, ihr alle auf der Erde!

Fest gegründet ist der Erdkreis, sodass er nicht wankt.
Freuen sollen sich die Himmel und jubeln soll die Erde!
Unter den Nationen soll man sagen: Adonai ist König.

Tosen soll das Meer und alles, was darin ist!
Aufjubeln sollen die Felder und alles, was auf ihnen lebt!
Dann jubeln die Bäume im Wald
vor Adonai, denn er kommt, um Gericht zu halten auf der Erde.
Dankt Adonai, denn er ist gut!
Ja, seine Güte bleibt in alle Ewigkeit!

Sagt also:
Komm uns doch zu Hilfe, unser Gott,
führe uns wieder zusammen und befreie uns aus den Völkern,
sodass wir deinen heiligen Namen preisen
und wieder stolz darauf sind, dass wir dich loben können!

Gepriesen sei Adonai, der Gott Israels,
von Ewigkeit zu Ewigkeit!
Und das ganze Volk sagte »Amen!« und lobte Adonai.

2. CHRONIK 20,6-12

Hoffen auf Gottes Hilfe

ADONAI, du Gott unserer Vorfahren!
Bist du es nicht, der allein Gott in den Himmeln ist?
Und bist du es nicht, der regiert über alle Königreiche der Völker?
Ja, in deiner Hand sind Macht und Stärke und keiner kann dir widerstehen!

Bist du es nicht, unser Gott, der die Bewohner dieses Landes vor
deinem Volk Israel vertrieben hat, und es den Nachfahren Abrahams,
deines Freundes, für immer gegeben hat?
So siedelten sie darin und haben darin ein Heiligtum für deinen Namen gebaut.

Und sie haben gesagt: Wenn Unglück über uns kommt,
Krieg oder ein Strafgericht, Pest oder Hungersnot,
und wir dann vor dieses Haus treten und damit vor dich —
denn dein Name ist ja in diesem Haus —
und wir dann zu dir schreien aus unserer Not,
dann wirst du hören und helfen.

Und jetzt, sieh doch:
Da sind die Ammoniter und die Moabiter und die Leute vom Gebirge Seïr!
Das sind doch die, durch deren Gebiet du Israel nicht hindurchziehen ließt,
als sie aus dem Land Ägypten kamen!

Sondern sie mussten ihnen ausweichen.
So haben sie sie nicht angegriffen und besiegt.

Sieh doch, wie sie uns das vergelten!
Sie rücken an und wollen uns aus unserer Heimat vertreiben,
die du uns anvertraut hast!
Unser Gott! Willst du nicht das Gericht über sie halten?

Denn wir können uns nicht gegen diese große Streitmacht
zur Wehr setzen, die uns entgegenkommt!

Und wir wissen nicht, was wir tun sollen.
Nach dir halten wir Ausschau!

ALTES TESTAMENT

Die Lehrbücher und poetischen Bücher

PSALM 1

Wahres Glück

Glückwunsch dem, der nicht mitläuft in der Menge der Gottesfeinde
und sich nicht hinstellt auf dem Weg der Übeltäter,
ja, Glückwunsch allen, die nicht mit den Großmäulern zusammensitzen!

Ja, glücklich zu preisen ist, wer die Lehre A‌donais mit Freude aufnimmt
und sie Tag und Nacht in seinem Herzen bewegt!

Solche Menschen sind wie Bäume, eingewurzelt an den Wasserläufen.

Wenn die Zeit reif ist, bringen sie ihre Frucht
und ihre Blätter verwelken niemals.
Ja, alles, was sie anpacken, gelingt.

Aber die Gottesfeinde trifft ein anderes Los.
Wie leere Hülsen sind sie, vom Wind verweht.

Deshalb können die Gottesfeinde nicht bestehen im Gericht
und die Schuldigen finden keinen Platz bei den Aufrichtigen.

Denn A‌donai achtet auf den Weg der Aufrichtigen.
Doch der Weg der Gottesfeinde führt ins Nichts.

PSALM 4

Ein Abendgebet voller Vertrauen

Für den Musiker.
Mit Saitenmusik.
Ein Gotteslied von David.

Antworte doch auf meinen Hilferuf,
du Gott, der mir zum Recht verhilft!

Als ich ganz eingeengt wurde,
hast du mir Freiraum geschaffen.
Wende dich mir doch freundlich zu
und höre mein Gebet!
Ihr Mächtigen!

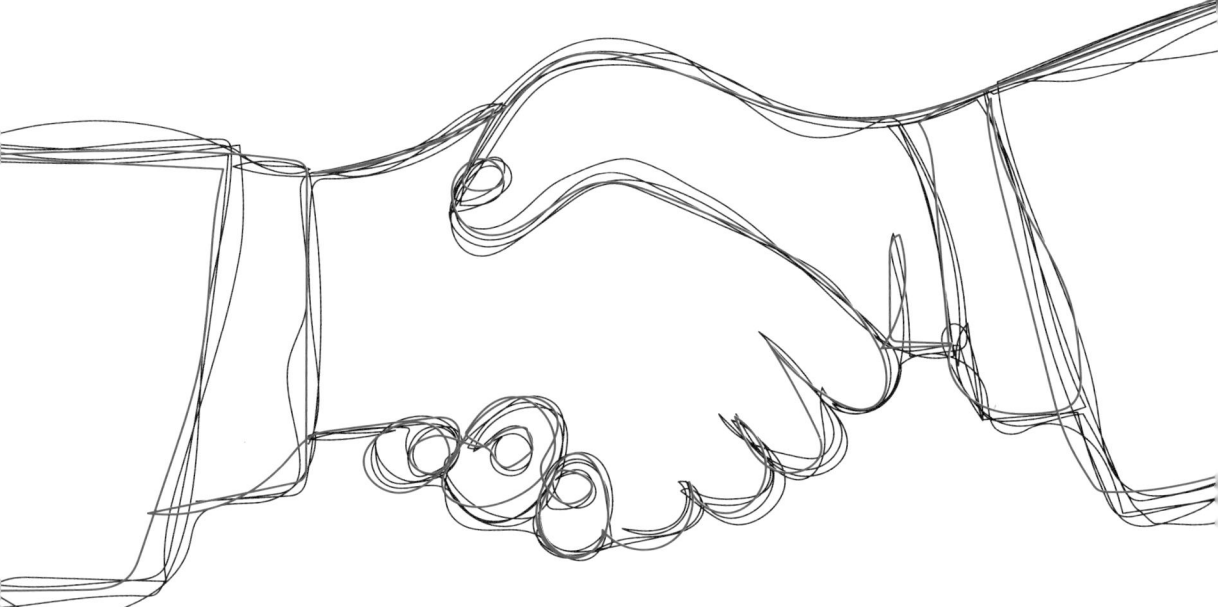

Wie lange wollt ihr mir den Respekt verweigern?
Ihr liebt ja das, was bedeutungslos ist,
und habt euch dem Betrug verschrieben!
Selah!

Das sollt ihr wissen:
Die Gottesfreunde hat Adonai ganz auf seine Seite gezogen.
Adonai hört es, wenn ich zu ihm rufe.

Wenn der Zorn euch erfasst,
sollt ihr euch doch nicht der Sünde überlassen!
Überlegt in eurem Herzen, wenn ihr euch
zum Schlafen niederlegt!
So könnt ihr Ruhe finden.
Selah!

Ein Leben voll Gerechtigkeit,
das soll eure Opfergabe sein,
ja, setzt euer Vertrauen auf Adonai!

Viele stellen die Frage:
Wer wird uns Gutes geben?
Lass aufstrahlen über uns das Licht
deiner Gegenwart, Adonai!

Freude hast du in mein Herz gelegt,
mehr als denen, die viel Getreide und Wein ernten können.

Ganz im Frieden lege ich mich zum Schlafen nieder,
denn du allein, Adonai, lässt mich sicher wohnen.

PSALM 13

Sorge und Vertrauen

Für den Musiker.
Ein Gotteslied von David.
Bis wann, Adonai?

Willst du mich für immer vergessen?
Bis wann willst du dein Angesicht vor mir verstecken?

Bis wann soll ich mir Sorgen anhäufen in meiner Seele
und traurig sein in meinem Herzen den ganzen Tag?

Bis wann soll mein Feind sich über mich erheben?

Schau doch her, gib mir Antwort, Adonai, mein Gott!

Lass meine Augen wieder strahlen, damit ich nicht im Tod versinke,
damit mein Feind nicht sagen kann: »Ich habe ihn besiegt«,
und damit meine Bedränger nicht jubeln, weil ich zu Fall komme.

Doch ich habe auf deine Freundlichkeit vertraut,
jubeln soll mein Herz über deine Rettung!

Ich will Adonai singen, denn er hat mir Gutes getan.

PSALM 16

Das Glück der Gottesfreunde

Ein MIKTAM von David.
Bewahre mich, Gott!
Denn bei dir suche ich Schutz.

Ich habe zu ADONAI gesagt:
»Mein Herr bist du!
Mein Glück finde ich nur bei dir!«

An denen, die zu Gott gehören auf der Erde,
an diesen ganz besonderen Menschen
habe ich meine ganze Freude.
Wie viele Schmerzen haben die, die einem anderen Gott hinterherlaufen!
Niemals werde ich ihre blutigen Trankopfer darbringen
und auf keinen Fall ihre Namen über meine Lippen kommen lassen!
ADONAI, er ist das Erbe, das mir zufällt,
er mein Kelch!
Du bist es, der mein Los festlegt.

Ein schönes Land wurde mir zugemessen,
ja wirklich, mein Besitz gefällt mir sehr!
Preisen will ich ADONAI.
Er ist es, der mir Rat gegeben hat.
Selbst in der Nacht spricht mein Gewissen zu mir.

ADONAI habe ich jederzeit vor Augen.
Weil er mir zur Seite steht,
werde ich nicht ins Wanken kommen.
Darum freut sich mein Herz
und mein Innerstes bricht in Jubel aus.

Selbst mein Körper wird ganz sicher ruhen.
Denn du wirst meine Seele nicht der Totenwelt überlassen,
du wirst nicht zulassen, dass dein treuer Freund ins Grab sinkt.
Du eröffnest mir den Weg des Lebens.
Unsagbare Freude in deiner Gegenwart,
Wunderbares hältst du für immer in deiner rechten Hand bereit.

PSALM 23

Gott selbst ist mein Hirte

Ein Gotteslied von David.
ADONAI, mein Hirte ist er.
Nichts wird mir fehlen.

Auf grünen Wiesen lässt er mich lagern,
zu stillen Wassern führt er mich.
Neue Kraft schenkt er meiner Seele.

Er führt mich auf der Spur der Gerechtigkeit,
getreu seinem Namen.

Gehe ich auch durch die nachtschwarze Schlucht,
fürchte ich doch kein Unglück,
denn du bist mit mir unterwegs.

Dein Stock, dein Stab, sie geben mir Zuversicht.
Du deckst vor mir einen Tisch direkt vor meinen Gegnern.
Du salbst meinen Kopf mit triefendem Öl.
Mein Becher ist randvoll.

Nur Gutes und Freundlichkeit werden
mich begleiten mein Leben lang
und wohnen darf ich im Haus ADONAIS
bis in die fernsten Tage.

PSALM 27

Ein Leben in Gemeinschaft mit Gott

Von David.
Adonai ist mein Licht und meine Rettung —
vor wem sollte ich mich fürchten?
Adonai ist die Zuflucht meines Lebens —
vor wem sollte ich erschrecken?

Wenn Gewalttäter auf mich eindringen,
um mich zu verschlingen,
meine Bedränger und meine Feinde,
dann sind sie es, die stolpern und zu Fall kommen.

Wenn ein Heer mich belagert,
fürchtet mein Herz sich nicht,
ja, wenn Krieg sich gegen mich erhebt,
dann bin ich dennoch voller Vertrauen.

Um Eines habe ich Adonai gebeten, danach sehne ich mich:
dass ich Wohnrecht habe im Haus Adonais
alle Tage meines Lebens,
um die Freundlichkeit Adonais anzuschauen
und nachzusinnen in seinem Tempel,
denn er birgt mich in seiner Hütte,
wenn das Unheil hereinbricht,
er verbirgt mich im Innersten seines Zeltes,
er stellt mich hoch auf einen Felsen.

Und jetzt kann ich mein Haupt erheben
über meine Feinde rings umher.

Mit Jubelrufen will ich ihm Opfer bringen in seinem Zelt,
singen und Musik machen will ich für Adonai.

Höre, ADONAI, laut rufe ich,
zeige mir deine Gnade und antworte mir!

Mein Herz denkt an dein Wort:
»Sucht meine Gegenwart!«

Deine Nähe, ADONAI, will ich suchen.
Versteck dein Gesicht nicht vor mir!

Weise deinen Diener nicht ab im Zorn!
Du bist ja meine Hilfe gewesen!

Gib mich nicht auf, verlass mich nicht,
du Gott, meine Rettung!

Selbst wenn mich Vater und Mutter verlassen,
nimmt ADONAI mich auf.

Zeige mir, ADONAI, deine Wege
und leite mich auf ebener Straße,
gerade wegen meiner Gegner!

Liefere mich nicht der Willkür meiner Feinde aus!
Denn falsche Zeugen sind gegen mich aufgestanden
und drohen mit Gewalt!

Doch ich bin mir ganz sicher,
dass ich die Güte ADONAIS erleben werde
im Land der Lebenden.

Hoffe auf ADONAI!
Fasse neuen Mut, mach dein Herz stark
und hoffe auf ADONAI!

PSALM 32

Ein Gebet der Umkehr

Von David.
Ein Maskil.

Glückwunsch dem, dessen Schuld vergeben
und dessen Sünde bedeckt ist!
Ja, Glückwunsch dem Menschen,
dem Adonai das Unrecht nicht anrechnet
und in dessen Geist sich kein Betrug findet!

Denn als ich es verschweigen wollte,
lösten sich meine Knochen voneinander,
ja, nur noch stöhnen konnte ich den ganzen Tag!
Ja, Tag und Nacht lastete deine Hand schwer auf mir,
meine Lebenskraft verdorrte wie in der Sommerglut.
Selah!

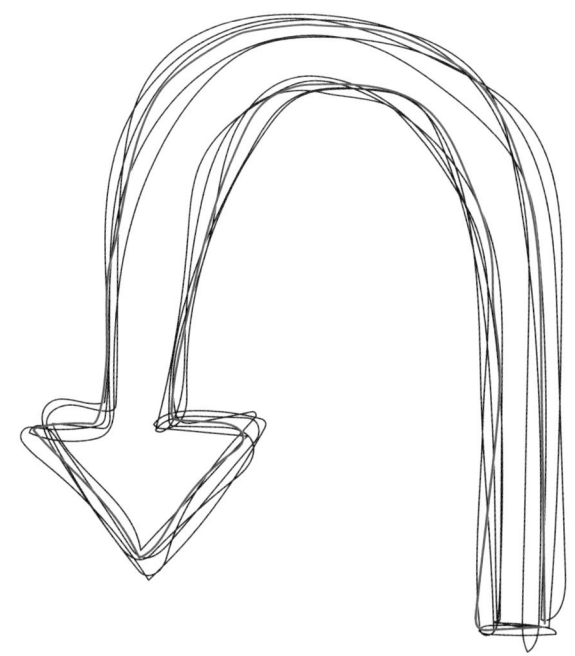

Meine Sünde bekannte ich dir
und versuchte nicht mehr, meine Schuld zu verstecken.
Ich nahm mir vor:
»Ich will Adonai meine Übertretungen offen sagen!«
Da hast du mir die Schuld meiner Sünde vergeben.
Selah!

Darum wird jeder Gottesfreund zu dir beten
in der Zeit, in der du dich finden lässt.
Ja, selbst wenn sich gewaltige Wassermassen auftürmen,
können sie ihm nichts anhaben.

Du bist mein Zufluchtsort,
vor Not bewahrst du mich,
um mich herum lässt du Jubel erschallen,
weil du mich rettest.
Selah!

Ich will dich unterweisen und dir den Weg zeigen,
auf dem du gehen kannst.
Ich will dich beraten,
ich lasse dich nicht aus den Augen.

Seid doch nicht ohne Verstand wie die Pferde und Maultiere!
Mit Zaumzeug und Zügel muss man sie bändigen,
sonst lassen sie dich nicht in ihre Nähe kommen.

Viele Schwierigkeiten erlebt der Gottesfeind,
doch wer auf Adonai vertraut,
den umfängt er mit Güte.

Seid fröhlich über Adonai und jubelt,
ihr, die ihr gerecht lebt,
singt laut vor Freude,
alle, die ihr von Herzen aufrecht lebt!

PSALM 34

Leben unter Gottes Schutz

Von David.
Als er sich vor Abimelech wie ein Wahnsinniger aufführte
und der ihn fortjagte und David dann fortgegangen war.

Immer und immer wieder will ich Adonai preisen,
ja, stets soll sein Lob in meinem Mund sein!

Über Adonai soll meine Seele jubeln.
Die Armen sollen es hören und sich freuen!
Preist Adonai zusammen mit mir,
lasst uns gemeinsam seinen Namen erheben!

Ich habe nach Adonai gefragt und er antwortete mir;
ja, aus allen meinen Ängsten hat er mich herausgerissen.
Die auf ihn blicken, werden strahlen
und ihr Gesicht wird nicht rot vor Scham.

Als ich ganz am Ende war, rief ich und Adonai hörte
und half mir aus all meiner Bedrängnis.
Es lagert sich der Bote Adonais um die,
die ihm mit Ehrfurcht begegnen, und er befreit sie.

Schmeckt doch und seht, dass Adonai gütig ist!
Wahres Glück findet der Mensch, der bei ihm Zuflucht sucht!
Begegnet Adonai mit Ehrfurcht,
ihr Menschen, die ihr ganz zu ihm gehört!
Denn denen fehlt es an nichts, die ihn ehren.

Sogar junge Löwen haben Mangel und hungern,
aber die, die nach Adonai fragen, haben genug von allem Guten.

Kommt her, ihr jungen Leute, hört mir zu!
In der Ehrfurcht vor ADONAI will ich euch unterrichten.
Wer ist der Mensch, der das Leben liebt,
der sich viele Tage wünscht, um Gutes zu sehen?

Bewahre deine Zunge vor Boshaftem
und deine Lippen vor betrügerischer Rede!
Hör auf mit dem Bösen und tu das Gute,
strebe nach Frieden und jage ihm nach!

Die Augen ADONAIS achten auf die Menschen, die gerecht leben,
ja, er hört auf ihren Hilferuf.
Doch die Stirn ADONAIS steht gegen die, die Boshaftes tun,
um die Erinnerung an sie von der Erde auszulöschen.

Die zu ihm schreien, hört ADONAI,
und aus all ihren Bedrängnissen reißt er sie heraus.
Nahe ist ADONAI denen, deren Herz zerbrochen ist,
und denen mit einem zerschlagenen Geist schenkt er Heilung.

Viel Bosheit erlebt der Mensch, der gerecht lebt,
doch aus dem allen befreit ihn ADONAI.
Er bewahrt alle seine Knochen,
kein einziger wird zerbrochen.

Den Gottesfeind wird seine eigene Bosheit umbringen,
ja, wer die Gerechten hasst, lädt Schuld auf sich.

ADONAI befreit das Leben seiner Diener,
wer bei ihm Zuflucht sucht, muss keine Strafe fürchten.

PSALM 36

Gottes unendliche Güte

Für den Musiker.
Vom Diener Adonais, von David.

Tief in seinem Herzen raunt die Auflehnung dem Gottesfeind zu.
Ja, es findet sich keine Ehrfurcht vor Gott in seinem Bewusstsein,
denn es erscheint schmeichelhaft in seinen Augen,
sein Unrecht zu vollbringen und dem Hass freien Lauf zu lassen.

Das, worüber er redet, ist Bosheit und Betrug;
er hat aufgehört, weise zu handeln und Gutes zu tun.
Unrecht denkt er sich aus, wenn er im Bett liegt,
er tritt auf den Weg, der nicht gut ist.
Das Böse verachtet er nicht.

Adonai, bis zu den Himmeln reicht deine Güte,
deine Treue bis zu den Wolken.
Deine Gerechtigkeit steht wie die Berge, die zu Gott gehören,
deine Rechtsentscheidungen sind wie die gewaltige Urflut.

Menschen und Tieren hilfst du, Adonai.
Wie wertvoll ist deine Güte, Gott!

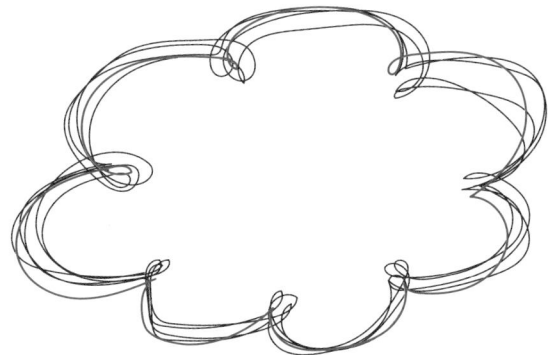

Ja, die Menschen suchen Zuflucht unter dem Schatten deiner Flügel.
Sie lassen es sich gut gehen,
weil es in deinem Haus alles im Überfluss gibt.

Du stillst ihren Durst mit dem Strom deiner reichen Gaben.
Denn bei dir entspringt die Quelle des Lebens
und das Licht erblicken wir in deinem Licht.
Mit deiner Güte beschenke die, die dich kennen,
und mit deiner Gerechtigkeit die, die von Herzen aufrichtig sind!

Der Fuß des Selbstherrlichen soll mich nicht niedertreten
und die Hand der Gottesfeinde mich nicht in die Flucht treiben!
Dort liegen sie am Boden, die Unrecht tun!
Niedergestoßen sind sie und können nicht wieder aufstehen.

PSALM 39

Die Vergänglichkeit des Menschen

Für den Musiker.
Für Jedutun.
Ein Gotteslied von David.

Das habe ich mir vorgenommen:
»Ich will mein Leben umsichtig führen,
damit ich nicht mit meinen Worten schuldig werde,
ich will meinen Mund im Zaum halten,
solange der Gottesfeind noch in meiner Nähe ist.«

Ich verstummte und schwieg,
ich schwieg, doch ohne Glück,
dennoch wurde mein Schmerz immer stärker.

Heiß wurde mir das Herz in meinem Inneren,
bei meinem Grübeln loderte ein Feuer auf
und ich ließ meinen Worten freien Lauf:
Zeige mir doch, Adonai, mein Lebensende
und wie viele Tage mir noch bleiben,
damit ich erkenne, wie vergänglich ich bin!

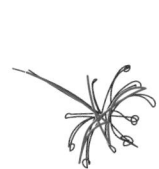

Ja, wirklich! Nur wenige Jahre hast du mir zugedacht
und wie ein Nichts ist meine Lebenszeit vor dir,
nur ein Windhauch ist jeder Mensch,
ganz gleich, wie fest er steht.
SELAH!

Wie ein Schattenbild ist das Leben des Menschen,
um Nichtiges macht er viel Lärm,
er häuft Besitz auf und weiß nicht,
wer ihn an sich nehmen wird.

Und jetzt: Worauf kann ich noch hoffen, Herr?
Meine Hoffnung richtet sich auf dich!
Von all meinen Fehltritten befreie mich,
lass mich nicht zum Spott derer werden, die Gott vergessen!

Ich bin verstummt, ich öffne meinen Mund nicht mehr,
denn du hast eingegriffen.
Nimm doch die Plage von mir weg,
mit der du mich geschlagen hast!
Sonst vergehe ich durch das,
was du mir zumutest.

Wenn du einen Menschen zurechtweist wegen seiner Schuld,
dann lässt du seine Schönheit sich auflösen wie eine Motte.
Der Mensch ist ja nichts als Vergänglichkeit!
Selah!

Höre doch mein Gebet, Adonai,
ja, nimm doch mein Schreien wahr,
bleib nicht stumm, wenn du meine Tränen siehst!
Denn ein bloßer Gast bin ich bei dir,
ein geduldeter Mitbewohner, wie schon meine Vorfahren.

Lass doch ab von mir, sodass ich
noch einmal fröhlich werde,
bevor ich fortgehen muss und nicht mehr da bin!

PSALM 40

Gottes Hilfe und Fürsorge

Für den Musiker.
Ein Gotteslied von David.

Voller Hoffnung schaute ich hin zu ADONAI,
da hat er sich mir zugewandt und meinen Hilfeschrei gehört.
Er hat mich herausgeholt aus dem Abgrund der Todesödnis,
aus Schlamm und Schlick.

Ja, er hat meine Füße auf den Felsen gesetzt,
hat meine Tritte fest werden lassen.

Ein neues Lied hat er mir in den Mund gelegt,
ein Loblied auf unseren Gott.
Viele werden es sehen und darüber staunen
und ihr Vertrauen auf ADONAI setzen.

Glücklich zu nennen ist der Mann,
der seine Zuversicht auf ADONAI gründet
und sich nicht den Aufrührern zuwendet,
denen, die ihr Glück in der Lüge suchen!

So viel hast du an uns getan, ADONAI, unser Gott!
Deine Wunder und Pläne für uns sind unvergleichlich.
Wenn ich von ihnen allen reden und erzählen sollte,
sie sind zu zahlreich, um sie zu nennen!

An Schlachtopfern und Speiseopfern hast du keine Freude,
doch Ohren hast du mir gegeben.
Brandopfer und Sündopfer hast du nicht verlangt.
Da habe ich gesagt: »Sieh doch, hier komme ich!«

In der Schriftrolle steht es ja schon über mich geschrieben:
»Deinen Willen zu tun, mein Gott, das gefällt mir
und deine Lebensweisung ist in meinem Innersten.«

In der großen Menschenmenge
habe ich Gerechtigkeit verkündet,
wirklich, ich habe nichts verschwiegen,
ADONAI, das weißt du!

Deine Gerechtigkeit habe ich nicht
in meinem Herzen versteckt.
Von deiner Zuverlässigkeit und
deiner Hilfe habe ich gesprochen,
deine Güte und Treue habe ich nicht verschwiegen
in der großen Menschenmenge.

Du, ADONAI, wirst mir deine liebevolle Fürsorge nicht vorenthalten,
deine Güte und Treue werden mich ständig beschützen.

Ja, üble Dinge haben mich umgeben,
sie sind nicht zu zählen,
meine Sünden haben mich erreicht
und ich kann nichts mehr sehen.
Sie sind zahlloser als die Haare auf meinem Kopf,
ja, ich habe allen Mut verloren.

ADONAI, befreie mich doch bitte!
ADONAI, hilf mir doch schnell!

Beschämt und verstört dastehen sollen alle,
die mir das Leben nehmen wollen,
zurückweichen und sich schämen sollen die,
die mein Unglück wollen!

Entsetzen sollen sie sich, weil sie zunichte werden,
die mich verspotten und verlachen!

Doch jubeln und sich freuen sollen alle,
die nach dir fragen!
Immer wieder sollen sie sagen:
»Groß ist ADONAI!«,
die, die deine Hilfe gern annehmen!

Ich bin wohl arm und gering,
doch der Herr denkt an mich!

Meine Hilfe und mein Retter bist du, mein Gott,
warte nicht länger!

PSALM 46

Geborgen in Gottes Stadt

Für den Musiker.
Von der Familie Korach.
Ein Lied nach der Weise Alamoth.

Gott: Für uns ist er Zuflucht und Stärke,
ja, eine starke Hilfe in Notlagen,
so hat er sich wirklich gezeigt.

Deshalb haben wir keine Angst,
selbst wenn die Erde schwankte und die Berge mitten ins Meer stürzten.
Sollen die Wassermassen doch aufbrausen und überschäumen,
sollen die Berge doch erbeben vor seiner Majestät!
Selah!

Ein Strom mit vielen Bachläufen erfrischt die Stadt Gottes,
die Wohnstatt des Höchsten, die ihm geweiht ist.
Gott ist ja in ihrer Mitte, darum wird sie nicht ins Wanken kommen,
ja, noch vor dem Morgen kommt Gott ihr zu Hilfe.
In Aufruhr sind die Völker, Beben erfasst die Königreiche,
er lässt seine Stimme erschallen, da zerschmilzt schon die Erde.

Adonai, der die Heere befehligt, ist mit uns,
eine Burg ist für uns der Gott Jakobs.
Selah!

Geht doch und betrachtet die Taten Adonais!
Er ist es, der furchterregende Taten auf der Erde bewirkt.
Ja, er beendet die Kriege selbst an den Enden der Erde,
die Bogen zerbricht er, die Speere haut er in Stücke
und die Kampfwagen verbrennt er im Feuer.

Werdet doch still und erkennt, dass ich Gott bin,
erhaben über die Völker, erhaben auf der Erde!

Adonai, der die Heere befehligt, ist mit uns,
eine Burg ist für uns der Gott Jakobs.
Selah!

PSALM 51

Davids Bitte um Vergebung und Erneuerung

Für den Musiker.
Ein Gotteslied von David.
Verfasst, als der Prophet Nathan zu ihm kam,
nachdem David mit Batseba geschlafen hatte.

Wende dich mir freundlich zu, Gott,
denn du bist ja voller Güte.
In deinem großen Erbarmen lösche doch mein Vergehen aus!
Wasche mich völlig rein von meiner Schuld
und mach mich rein von meiner Sünde!
Denn meine Vergehen erkenne ich,
ja, meine Sünde ist mir jederzeit bewusst.

Gegen dich allein habe ich gesündigt
und das getan, was böse in deinen Augen ist.

So wird klar: Du bist im Recht mit deinen Worten
und bist unanfechtbar in deinem Urteil.
Wirklich! In Schuld bin ich schon geboren,
auch meine Mutter war nicht frei von Sünde,
als sie mich empfing.

Ja, wirklich:
Wahrhaftigkeit, die auch im Verborgenen ist, gefällt dir,
du lehrst mich Weisheit im Geheimen.

Reinige mich mit Ysop, so werde ich rein sein,
wasche mich, so werde ich weißer sein als Schnee!
Lass mich wieder Jubel und Freude hören
und freuen werden sich meine Glieder,
die du zerschlagen hast.

Verbirg dein Angesicht vor meinen Sünden,
all meine Schuld lösche aus!

Schaff du mir, Gott, ein reines Herz
und erneuere in meinem Inneren einen beständigen Geist!
Verstoße mich nicht aus deiner Gegenwart und nimm
den Geist deiner Heiligkeit nicht von mir!

Beglücke mich wieder mit dem Jubel über deine Hilfe
und mit einem Geist der Bereitschaft stütze mich!
Dann will ich die Aufrührer in deinen Wegen unterrichten,
sodass die Sünder wieder zu dir zurückkehren.

Befreie mich von meiner Schuld, die blutrot ist,
Gott, du Gott, der mich rettet,
dann werde ich wieder laut darüber jubeln,
dass du Gerechtigkeit schaffst.

Herr, öffne du meine Lippen,
dann werde ich dein Lob überall verbreiten!
Denn du willst ja keine Schlachtopfer
— die würde ich dir ja bringen —,
Brandopfer gefallen dir nicht.

Die Opfer, die Gott gefallen, sind ein zerbrochener Geist,
ein zerschlagenes und verzweifeltes Herz
wirst du, Gott, nicht verachten.

In deiner Freundlichkeit beschenke Zion mit Gutem,
festige die Mauern von Jerusalem!
Dann wirst du dich über Opfer der Gerechtigkeit freuen,
über Brandopfer und Ganzopfer,
ja, dann werden wieder Stiere auf deinem Altar dargebracht.

PSALM 55

Gottes Hilfe inmitten von Feinden

Für den Musiker.
Zur Saitenmusik.
Ein Maskil von David.

Höre doch, Gott, auf mein Gebet
und verschließe dich nicht meinem Flehen!
Achte doch aufmerksam auf mich und antworte mir!

Ganz unruhig bin ich in meiner Klage
und laufe seufzend umher,
weil meine Feinde schreien
und die Gottesfeinde mich unter Druck setzen.

Ja, Unheil wälzen sie auf mich,
voller Zorn greifen sie mich an.

Mein Herz flattert vor Furcht,
Todesgrauen überfällt mich.
Angst und Schrecken kommen über mich,
Entsetzen will mich ergreifen.

Darum sage ich: Hätte ich doch nur Flügel wie eine Taube!
Dann flöge ich fort und fände Ruhe.
In der Tat! Weit weg würde ich fliehen
und in der Wüste mein Nachtlager suchen.
Selah!

Ganz schnell suchte ich einen Zufluchtsort für mich
vor dem tosenden Wind und dem Sturm.

Entzweie sie, Herr! Verwirre ihre Sprache!
Denn in der Stadt sehe ich nichts als Gewalt und Streit.

Tag und Nacht laufen sie herum auf den Mauern,
Unheil und Unrecht breiten sich aus in der Stadt.

Verderben herrscht mitten in ihr,
auf ihren Plätzen nehmen Unterdrückung und Betrug kein Ende.

Denn es ist noch nicht einmal ein Feind, der mich verspottet,
das könnte ich noch ertragen!

Es ist nicht einer, der mich hasst, der sich gegen mich aufspielt,
vor ihm könnte ich mich noch verstecken.
Nein, du bist es! Ein Mensch, den ich schätze,
mein Freund und Vertrauter!

Wir saßen zusammen und suchten Rat,
ins Haus Gottes sind wir gegangen, inmitten der großen Menge.
Fortraffen soll sie der Tod!
Lebendig sollen sie hinabfahren in die Unterwelt,
denn nur Bosheit wohnt in ihren Häusern und Herzen!

Doch ich will zu Gott schreien,
ja, Adonai wird mir zu Hilfe kommen.
Am Abend und am Morgen und auch am Mittag
klage und stöhne ich.
So wird er endlich meine Stimme hören!

Befreit hat er meine Seele,
im Frieden bin ich,
so können sie mir nicht nahekommen,
denn so viele sind es, die gegen mich sind.
Doch Gott wird mich hören und sie niederdrücken,
denn er ist es, der von Anbeginn über allem thront.
Selah!

Denn sie halten sich an kein Abkommen
und haben keine Ehrfurcht vor Gott.
Doch er erhob die Hand gegen den, mit dem er im Frieden lebte,
und brach so seinen Bund.

Weicher als Butter sind seine Worte,
doch sein Herz sinnt auf Angriff.
Geschmeidiger als Öl sind seine Reden,
und doch schneiden sie wie scharfe Schwerter.

Wirf deine Last auf Adonai!
Dann wird er für dich sorgen.

Ja, er wird einen gerechten Menschen niemals fallen lassen.
Ja, du, Gott, wirst sie in die tiefste Grube stürzen,
die Mörder und Betrüger sollen nicht einmal die Hälfte ihrer Lebenszeit erreichen!

Doch ich setze mein Vertrauen auf dich.

PSALM 62

Bei Gott zur Ruhe kommen

Für den Musiker.
Auf die Melodie Jedutun.
Ein Gotteslied von David.

Allein bei Gott findet meine Seele Ruhe,
von ihm kommt meine Rettung.
Er allein ist mein Fels und meine Rettung,
meine Festung, sodass ich sicher nicht zu Fall komme.

Wie lange noch wollt ihr anstürmen gegen einen einzigen Menschen,
wie lange wollt ihr alle ihn umbringen,
wie eine schwankende Wand,
wie eine Mauer, die gerade einstürzt?

Nur darauf sind sie aus: Ihn aus seiner Höhe herabzustürzen,
sie haben Gefallen an der Lüge.
Mit ihrem Mund sprechen sie Segensworte,
aber in ihrem Inneren fluchen sie.
Selah!

Komm doch bei Gott zur Ruhe, meine Seele!
Ja, bei ihm finde ich Hoffnung.
Er allein ist mein Fels und meine Rettung,
meine Festung, sodass ich nicht zu Fall komme.

Bei Gott ist meine Rettung und meine Würde,
mein starker Fels, meine Zuflucht, sie sind bei Gott.

Vertraut auf ihn allezeit, ihr Leute!
Schüttet euer Herz vor ihm aus!
Gott ist unsere Zuflucht.
Selah!

Nichts als ein Hauch sind die Menschen,
ein bloßes Trugbild die Mächtigen.
Auf der Waagschale schnellen sie in die Höhe,
alle zusammen sind sie leichter als ein Hauch.

Setzt euer Vertrauen nicht auf Erpressung,
setzt nicht leere Hoffnung auf Ausbeutung.
Auch wenn der Reichtum zunimmt,
hängt euer Herz nicht daran!

Das Eine hat Gott ausgesprochen,
zwei Dinge habe ich gehört:
Die Macht ist allein bei Gott
und bei dir, Herr, ist Güte,
denn du handelst mit jedem so,
wie es seinem Tun entspricht.

PSALM 73

Das Glück der Gottesnähe

Ein Gotteslied von Asaf.
Wirklich: Gott ist gut zu denen, deren Herz aufrichtig ist!

Doch ich, ich wäre fast ausgeglitten,
nur wenig fehlte noch, da wäre ich ausgerutscht.
Denn ich ärgerte mich über die Selbstherrlichen,
als ich den Wohlstand der Gottesfeinde sah.

Denn sie leiden keine Schmerzen, solange sie leben,
ihr Körper ist gesund und wohlgenährt.

Die Mühsal der übrigen Menschheit kennen sie nicht
und werden nicht geplagt wie die anderen.
Deshalb schmücken sie ihren Hals mit Hochmut
und in Gewalttat kleiden sie sich.

Ihre Augen grinsen unter dem Fett hervor,
ihr Herz quillt über vor hochmütigen Gedanken.
Sie reden verächtlich und voller Bosheit,
von oben herab drohen sie mit Unterdrückung.

Ihr Maul reißen sie bis zum Himmel auf
und ihre Worte haben freien Lauf auf der Erde.
Darum läuft sein Volk ihnen auch nach,
nimmt ihre Worte begierig auf wie Wasser.

Dabei sagen sie: »Wie soll Gott denn davon erfahren?
Kann der Höchste das überhaupt wissen?«
Wirklich: So sind sie, die Gottesverächter,
sie machen sich stets ein schönes Leben und häufen sich
immer mehr Reichtum an.

Ach, umsonst habe ich mein Herz rein bewahrt
und meine Hände in Unschuld gewaschen.

Ich hatte Schmerzen den ganzen Tag
und jeder Morgen war wie eine Strafe für mich.

Hätte ich beschlossen: »Ich will genauso werden wie sie!«,
wirklich, dann wäre ich gegenüber allen deinen Kindern untreu gewesen.

Da dachte ich nach, um das zu begreifen,
mühselig erschien es mir.
So war es, bis ich hineinging in das Heiligtum Gottes
und überlegte, wie ihr Lebensende sein wird.

Ja, du hast sie auf glatten Grund geführt
und ließest sie in Täuschungen hineinfallen.

In einem bloßen Augenblick erfasst sie das Entsetzen,
sie werden zunichte und finden ein schreckliches Ende.
Wie einen Traum beim Erwachen,
Herr, so vergisst du ihr Schattenbild, wenn du dich erhebst.

Als mein Herz verbittert war
und mein Innerstes von Schmerz durchbohrt,
da war ich dumm und ohne Verstand,
wie ein Tier verhielt ich mich vor dir.

Doch immer bleibe ich bei dir,
du hältst mich an meiner rechten Hand.
Nach deinem guten Plan leitest du mich
und am Ende nimmst du mich voller Würde auf.

Wer ist sonst für mich da im Himmel?
Und wenn ich bei dir bin, verlange ich nach sonst nichts auf der Erde.
Auch wenn mein Äußeres und mein Inneres verfällt,
dann bist doch du, Gott, in Ewigkeit mein Fels und mein Gut, das bleibt.

Ja, wirklich, die sich von dir entfernen, die kommen um,
du lässt zugrunde gehen alle, die dir gegenüber treulos handeln.
Doch für mich: Gott nahe zu kommen, ist mein großes Gut.

Beim Herrn, bei Adonai, suche ich Schutz.
Gern will ich erzählen von allem, was du tust!

PSALM 80

Gebet nach der Zerstörung Jerusalems

Für den Musiker.
Nach der Melodie »Lotusblüten«.

Ein Bekenntnis.
Von Asaf.
Ein Gotteslied.

Du Hirte Israels, höre doch!
Du, der den Stamm Josef leitet wie eine Herde!
Du, der du über den Kerubim thronst, strahle auf!

Vor den Stämmen Ephraim, Benjamin und Manasse
setze ein deine Kraft!
Ja, komm und rette uns!
Gott, richte uns wieder auf
und lass deine Gegenwart aufleuchten,
dann werden wir gerettet!

Adonai, Gott, der die Heere befehligt,
bis wann bist du noch zornig,
während dein Volk zu dir betet?

Du ließest sie ihr Brot unter Tränen essen
und die Tränen, mit denen du sie tränktest,
füllen ganze Krüge.
Du machst uns zum Zankapfel,
um den sich unsere Nachbarn streiten,
und unsere Feinde haben für uns nur Spott übrig.

Gott, der die Heere befehligt, richte uns wieder auf
und lass deine Gegenwart aufleuchten,
dann werden wir gerettet!

Einen Weinstock hast du aus Ägypten geholt,
andere Völker hast du vertrieben und ihn eingepflanzt.
Du hast ihm weiten Raum gegeben,
er konnte Wurzeln schlagen und sich so im Land ausbreiten.

Sein Schatten bedeckte das Gebirge,
seine Zweige überragten sogar die Zedern,
die Gott geschaffen hatte.
Er streckte seine Zweige bis ans Mittelmeer
und seine Triebe bis hin zum Euphratstrom.

Warum hast du seine Mauern eingerissen,
sodass alle ihn ausplündern,
die auf dem Weg vorbeikommen?
Das Wildschwein, das aus dem Unterholz kommt, frisst ihn kahl
und die kleinen Tiere des Feldes grasen ihn ab.

Du Gott, der die Heere befehligt,
wende dich doch wieder zu!

Schau doch vom Himmel herab und sieh
und kümmere dich doch wieder um diesen Weinstock,
ja, beschütze den Spross,
den deine rechte Hand selbst gepflanzt hat,
ihn, den Sohn, den du für dich hast stark werden lassen!

Im Feuer verbrannt ist er und abgeschnitten,
vor deinem drohenden Angesicht vergehen sie!

Deine Hand sei über dem Mann,
der an deiner rechten Seite steht,
über dem Menschensohn,
den du für dich hast stark werden lassen!
Dann werden wir uns nicht mehr von dir abwenden.

Mach uns wieder lebendig!
Dann werden wir deinen Namen ausrufen.
Adonai, Gott, der die Heere befehligt,
richte uns wieder auf!

Lass deine Gegenwart aufleuchten,
dann werden wir gerettet!

PSALM 84

Zu Hause bei Gott

Für den Musiker.
Auf der Gittit zu spielen.
Ein Gotteslied von der Familie Korach.

Wie wunderbar sind doch deine Wohnstätten,
Adonai, der die Heere befehligt!

Meine Seele sehnt sich, ja, sie verzehrt sich
nach den Tempelhöfen Adonais.
Mein Herz und alles, was ich bin, jubelt
dem lebendigen Gott zu!

Selbst der kleinste Vogel hat ein Haus gefunden,
ja, die Schwalbe ein Nest für sich,
wo sie ihre Jungen verstecken kann,
nämlich deine Altäre,
Adonai, der die Heere befehligt,
mein König und mein Gott!

Glücklich die, die in deinem Haus wohnen dürfen,
immer wieder preisen sie dich!
Selah!

Glücklich zu nennen sind die Menschen, deren Stärke in dir liegt,
in deren Herzen gebahnte Wege sind!

Wenn sie durch das Tränental wandern,
dann machen sie es zu einem Quellort,
ja, sogar der Frühregen bedeckt es mit Segen.

Von Kraft zu Kraft laufen sie
und Gott, der über den Göttern ist, zeigt sich ihnen in Zion.

Adonai, Gott, der die Heere befehligt, höre mein Gebet!
Höre doch genau zu, du Gott Jakobs!
Selah!

Schaue doch auf ihn, der für uns ein Schutzschild ist, Gott!
Und blicke freundlich auf das Gesicht dessen, den du gesalbt hast!
Ja, ein einziger Tag in deinen äußeren Höfen
ist besser als sonst tausend.

Ich will lieber an der Schwelle stehen im Haus meines Gottes,
als zu leben in den Zelten der Gottesfeinde.
Denn Adonai, Gott, ist für uns Sonne und Schutzschild.
Ja, Gunst und Würde verleiht Adonai.

Nichts, was gut ist, versagt er denen,
die ehrlich leben.

Adonai, der die Heere befehligt:
Glücklich zu preisen ist jeder,
der auf dich vertraut!

PSALM 86

Ein Gebet um Wegweisung

Ein Gebet von David.
Schenk mir ein offenes Ohr, Adonai, antworte mir!
Denn arm und bedürftig bin ich.

Bewahre mein Leben, ich bin dir ja ein Freund,
hilf deinem Diener, denn du bist ja mein Gott
und ich vertraue auf dich!

Zeig mir dein Erbarmen, Herr,
denn zu dir rufe ich den ganzen Tag!

Schenk deinem Diener neue Freude,
denn dir, Herr, halte ich meine Seele hin!
Denn du, Herr, bist gut und vergibst gern,
ja, groß ist deine Güte gegenüber allen, die zu dir rufen.
Höre doch mein Gebet, Adonai,
und gib Acht auf mein lautes Flehen!

Am Tag, an dem ich in Bedrängnis gerate, rufe ich zu dir,
denn du gibst mir Antwort.
Unter den Göttern ist keiner dir gleich, Herr,
und nichts ist zu vergleichen mit deinen Taten.

Alle Völker, die du ja erschaffen hast,
sie kommen und werfen sich nieder vor dir, Herr,
und erweisen deinem Namen Ehre.

Denn groß bist du! Du bist es, der Wunder tut,
du allein bist Gott!

Zeige mir, ADONAI, deinen Weg!
Ich will ihn gehen in Treue zu dir.
Ja, richte mein Herz auf das Eine aus:
dass ich deinen Namen ehre!
Danken will ich dir, Herr, mein Gott, von ganzem Herzen
und deinen Namen ehren in Ewigkeit.
Denn groß ist deine Güte, die ich erlebe,
und du hast mein Leben dem tiefsten Totenreich entrissen.

Gott, überhebliche Menschen haben sich gegen mich erhoben,
eine ganze Rotte von Gewalttätigen will mir das Leben nehmen
und dabei denken sie keinen Augenblick an dich!

Doch du, Herr, bist Gott, voll Erbarmen und Freundlichkeit,
langmütig und reich an Güte und Treue.

Blicke wieder auf mich und erweise mir deine Güte!
Gib deinem Diener deine Kraft,
ja, hilf dem Sohn deiner Dienerin!

Gib mir ein Zeichen dafür, dass du es gut mit mir meinst!
Das sollen die sehen, die mich hassen, und sich schämen!
Denn du, ADONAI, bist mir zu Hilfe gekommen und hast mich getröstet.

PSALM 88

Gebet um Bewahrung vor dem Tod

Ein Lied.
Ein Gotteslied von der Familie Korach.
Für den Musiker.
Auf die Machalat-Weise zu singen.
Ein Maskil von Heman, dem Esrachiter.

Adonai, du Gott, der mir Rettung bringt,
am Tag schreie ich und in der Nacht stelle ich mich vor dich hin!
Mein Gebet soll zu dir dringen,
schenke meinem Flehen ein offenes Ohr!
Denn übersatt ist meine Seele von Unheil
und mein Leben steht kurz vor dem Totenreich.

Ich werde schon zu denen gezählt, die in die Grube hinabsinken,
ich bin wie ein Krieger, dem alle Kraft genommen ist.
Zwischen den Toten liege ich da,
unter den Erschlagenen, die im Grab liegen.

An sie denkst du ja nicht mehr,
ja, sie sind abgeschnitten von deinem Eingreifen.
In die tiefste Grube hast du mich gelegt,
in die finstersten Orte, die tiefsten Abgründe.
Auf mir lastet dein Zorn,
mit all deinen Wellen drückst du mich nieder.
Selah!

Die Menschen, die mir vertraut sind, hast du mir entfremdet,
wie etwas Verabscheuungswürdiges hast du mich für sie werden lassen,
ich bin gefangen und kann nicht wieder herauskommen.
Meine Augen sind ganz trübe vor lauter Elend.

Tag für Tag rufe ich zu dir, Adonai,
zu dir strecke ich meine Hände aus.
Tust du denn Wunder für die Toten?
Werden die Verstorbenen aufstehen, um dich zu loben?
Selah!

Erzählt man im Grab von deiner Güte
und von deiner Treue dort in der Totenwelt?
Werden dort in der Finsternis deine Wundertaten erkannt
und deine Gerechtigkeit im Land des Vergessens?

Doch ich, ich schreie zu dir, Adonai, um Hilfe,
schon am Morgen lasse ich mein Gebet vor dich kommen.
Warum, Adonai, weist du mich ab
und versteckst deine Gegenwart vor mir?

Elend bin ich, ja, dem Tode nahe schon von Jugend an,
deine Schrecken trage ich und bin ganz erstarrt.
Deine Zornesglut ist über mich dahingegangen,
dein Schrecken hat mich verstummen lassen.

All dies umflutet mich den ganzen Tag wie Wasser,
es strömt zugleich von allen Seiten auf mich ein.
Freunde und Nachbarn hast du mir entfremdet,
als einziger Vertrauter ist mir die Dunkelheit geblieben.

PSALM 90

Gott, die ewige Zuflucht

Ein Bittgebet von Mose, dem Mann, der zu Gott gehörte.

Herr, eine Zuflucht warst du für uns von Generation zu Generation.
Bevor noch die Berge geboren wurden
oder die Erde, ja, der Erdkreis in Geburtswehen lag,
da warst du schon Gott von Ewigkeit zu Ewigkeit!

Du lässt den Menschen wieder zu Staub werden
und sagst: Kommt zurück, ihr Menschenkinder!
Denn tausend Jahre sind in deinen Augen wie ein Tag,
wie das Gestern, das vergangen ist,
wie eine Nachtwache.

Du schwemmst sie fort, wie der Schlaf sind sie,
sie sind wie das Gras, das am Morgen aufwächst:
Ja, am Morgen blüht und wächst es auf,
doch am Abend welkt und verdorrt es.
Denn wir vergehen durch deinen Zorn
und über deinen Grimm erschrecken wir zutiefst.

Du hast unsere Vergehen vor dich hingestellt,
unsere Geheimnisse in das Licht deiner Gegenwart.
Ja, alle unsere Tage fliegen dahin durch deinen Zorn,
wir verbringen unsere Jahre wie einen Seufzer.

Unsere Lebenszeit währt siebzig Jahre, und wenn wir noch Kraft haben,
sind es achtzig Jahre und das, was herausragend ist an ihnen,
ist doch nur Mühe und Beschwernis.
Ja, schnell gehen sie vorbei, wir fliegen davon!

Doch wer will die Gewalt deines Zorns wahrhaben?
Und wer hat Ehrfurcht vor dir in deinem Grimm?

Unsere Tage zu zählen, lehre uns,
dann werden wir ein weises Herz erlangen.
Kehre doch wieder zurück, Adonai! Wie lange noch?
Erbarme dich doch über deine Diener!

Schon am Morgen mach uns satt durch deine Güte,
dann werden wir jubeln und uns freuen unser Leben lang!

Schenke uns nun Freude genau so lange, wie du uns bedrückt hast,
wie die Jahre, in denen wir Unheil erlebt haben!

Lass deine Diener deine wunderbaren Taten sehen
und deine Herrlichkeit ihre Kinder!

Und die Freundlichkeit des Herrn, unseres Gottes, sei über uns!
Ja, das Werk unserer Hände lasse er gelingen!
Ja, lass gelingen das Werk unserer Hände!

PSALM 103

Gottes große Barmherzigkeit

Von David.
Meine Seele, preise ADONAI,
und alles, was in mir ist, seinen heiligen Namen!

Meine Seele, preise ADONAI
und vergiss nicht all das Gute, das er für dich getan hat!

Er ist es, der dir all deine Schuld vergibt
und all deine Krankheiten heilt.
Er ist es, der dein Leben aus dem Tod erlöst,
der dich krönt mit Güte und Erbarmen.
Er überschüttet dich mit Gutem.
Wie ein Adler, so erneuert sich deine Jugendkraft.

Nur Gerechtes tut ADONAI
und schafft Recht allen, die unterdrückt werden.
Seine Wege hat er Mose gezeigt
und seine Taten dem Volk Israel.

Voll Erbarmen und Freundlichkeit ist ADONAI,
voller Geduld und reich an Güte.

Nicht auf Dauer klagt er an
und nicht für immer dauert sein Zorn.
Nicht nach unseren Sünden behandelt er uns
und nicht nach unseren Verfehlungen vergilt er uns.

Denn so hoch sich die Himmel über die Erde erheben,
so viel höher ist seine Güte gegenüber denen, die ihn ehren.
So weit der Osten entfernt ist vom Westen,
so fern lässt er unsere Verfehlungen von uns sein.

Wie ein Vater sich seiner Kinder liebevoll annimmt,
so nimmt sich Adonai derer an,
die ihm mit Ehrfurcht begegnen.
Denn er weiß, aus welchem Stoff wir gemacht sind,
er weiß, dass wir Staub sind.

Der Mensch: Wie Gras sind seine Tage,
er blüht auf wie die Blume auf dem Feld.
Doch wenn der Wind darüber weht,
dann ist sie nicht mehr da
und keiner weiß mehr, wo sie gestanden hat.

Doch die Güte Adonais bleibt von Ewigkeit zu Ewigkeit
über denen, die ihn ehren,
und seine Gerechtigkeit bei all ihren Nachkommen.
So geht es denen, die seinen Bund bewahren
und sich seine Gebote merken und danach handeln.

Adonai hat seinen Thron in den Himmeln errichtet,
ja, seine Herrschaft umfasst das All.

Preist Adonai, ihr seine Engel,
ihr mächtigen Helden, die ihr seinen Willen ausführt,
auf die Stimme seines Wortes zu hören!

Preist Adonai, ihr alle seine Heere,
ihr, seine Diener, die ihr das tut, was ihm gefällt!

Preist Adonai, ihr alle seine Werke
an allen Orten seiner Herrschaft,
ja, meine Seele, preise Adonai!

PSALM 116

Ein Danklied für Gottes Hilfe

Liebe erfüllt mich,
denn A<small>DONAI</small> hört mein lautes Flehen.

Ja, er wendet mir sein Ohr zu
und ich werde ihn anrufen, solange ich lebe.

Umschlungen hatten mich die Fesseln des Todes
und die Unterwelt wollte mich verschlingen,
Not und Kummer erfassten mich.

Da rief ich den Namen A<small>DONAIS</small> an:
»Ach A<small>DONAI</small>, rette doch meine Seele!«

Voller Gnade ist A<small>DONAI</small> und gerecht,
ja, unser Gott ist voll Barmherzigkeit.
A<small>DONAI</small> beschützt die Unmündigen.

Als ich hilflos war, hat er mir geholfen.
Beruhige dich doch wieder, meine Seele!
Denn A<small>DONAI</small> hat dich mit Gutem versorgt.

Ja, du hast meine Seele vor dem Tod bewahrt
und mein Auge vor den Tränen,
meinen Fuß vor dem Stolpern.

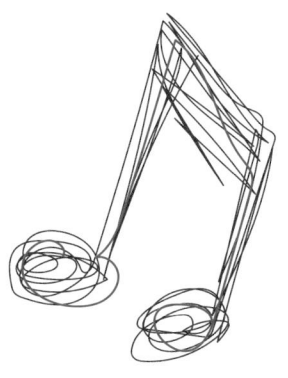

Ich werde mein Leben führen vor A<small>DONAI</small>
unter den Menschen, die lebendig sind.
Ich habe weiter vertraut, auch wenn ich wusste:
Ich habe viel gelitten.

Voll Bestürzung sagte ich:
»Alle Menschen sind Lügner!«

Was soll ich A<small>DONAI</small> zurückgeben
für all das Gute, das er für mich getan hat?
Den Becher des Heils will ich erheben
und den Namen A<small>DONAIS</small> anrufen.

Was ich ADONAI versprochen habe, will ich halten,
ja, vor seinem ganzen Volk.

Wertvoll in den Augen ADONAIS
ist der Tod seiner treuen Freunde.

Ach ADONAI, ich bin doch dein Diener.
Ich bin dein Diener, der Sohn deiner Dienerin!
Von meinen Fesseln hast du mich befreit.

Dir will ich Dankopfer bringen,
ja, den Namen ADONAIS will ich anrufen.

Was ich ADONAI versprochen habe, will ich halten,
ja, vor seinem ganzen Volk,
in den Innenhöfen des Hauses ADONAIS,
in deiner Mitte, Jerusalem.

Lobt ihn, ADONAI!

PSALM 121

Gott behütet dich

Ein Lied auf der Pilgerreise.

Ich blicke auf zu den Bergen:
Woher wird meine Hilfe kommen?

Meine Hilfe ist von Adonai!

Er ist es, der Himmel und Erde gemacht hat.
Er lässt deinen Fuß nicht ins Wanken kommen.
Er, der dich bewacht, schläft nicht.

Wirklich, der Wächter über Israel,
er schläft und schlummert nicht.

Adonai ist es, der dich behütet.
Adonai ist der Schatten über deiner rechten Hand.

Am Tag wird die Sonne dir nicht schaden
und auch nicht der Mond in der Nacht.

Adonai bewahrt dich vor allem Unheil,
er bewahrt deine Seele.

Adonai bewahrt dich, wenn du fortgehst
und wenn du heimkehrst,
von nun an und bis in Ewigkeit.

PSALM 124

Gott, der Retter in der Not

Ein Lied auf der Pilgerreise.
Von David.

Wenn Adonai nicht für uns gewesen wäre
— das soll das Volk Israel auf jeden Fall sagen —,
wenn Adonai nicht für uns gewesen wäre,
als die Leute sich gegen uns erhoben,
dann hätten sie uns lebendig verschlungen!

Als ihr Zorn gegen uns auflöderte,
da hätten die Wasserfluten uns überschwemmt,
der Sturzbach hätte uns mitgerissen,
ja, dann wären die tosenden Wasserfluten
über uns hereingebrochen.

Gepriesen sei Adonai,
der uns ihren Zähnen nicht zum Fraß auslieferte!

Unsere Seele, sie ist entronnen wie ein Vogel
aus der Schlinge des Vogelfängers.
Die Schlinge ist zerrissen
und wir sind entkommen.

Unsere Rettung ist im Namen Adonais,
des Schöpfers des Himmels und der Erde.

PSALM 126

Der Jubel der Befreiten

Ein Lied auf der Pilgerreise.

Als Adonai die Gefangenschaft Zions beendete,
da waren wir wie Träumende.
Da erfüllte Lachen unseren Mund,
ja, auf unserer Zunge lag Jubelgesang.

Da erzählte man sich unter den Völkern:
»Große Dinge hat Adonai an ihnen getan!«
Große Dinge hat Adonai an uns getan!
Wir waren voller Freude.

Bring doch zurück, Adonai, unsere Gefangenen,
wie die Wasserbäche im Negev!
Die unter Tränen säen,
werden mit Jubel ernten.

Unter Weinen geht er hin
und trägt die Tasche mit Saatgut
und kommt zurück mit Jubel
und trägt seine Garben.

PSALM 131

Kindliches Vertrauen

Ein Lied auf der Pilgerreise.
Von David.

Adonai, mein Herz ist nicht hochmütig
und meine Augen schauen nicht überheblich drein.

Ich befasse mich nicht mit großartigen Dingen,
mit dem, was für mich unbegreiflich ist.

Nein, ich ließ meine Seele zur Ruhe kommen,
ganz ruhig ist sie.

Wie ein gestilltes Kind bei seiner Mutter,
wie ein gestilltes Kind ist meine Seele in mir.

Es hoffe Israel auf Adonai
von nun an bis in Ewigkeit.

PSALM 138

Dank für Gottes Hilfe

Von David.

Ich will dir danken von ganzem Herzen.
Vor den Göttern will ich dir musizieren.
Ich will anbeten vor deinem heiligen Tempel
und will deinen Namen loben für deine Güte und Treue.
Ja, über alle Erwartung bestätigst du deine Zusage.

Am Tag, an dem ich dich anrief, hast du mir geantwortet,
du hast meiner Seele neue Kraft gegeben.

Danken werden dir, Adonai, alle Könige auf der Erde,
denn sie haben gehört, was du sagst.
Sie werden singen auf den Wegen Adonais:
Ja, groß ist die Ehre Adonais!

Denn erhaben ist Adonai, und dennoch achtet er auf den Niedrigen,
doch die Hochmütigen erkennt er schon von fern.

Selbst wenn ich bedrängt werde von allen Seiten,
hältst du mich am Leben trotz des Zorns meiner Feinde.
Du streckst deine Hand aus,
ja, deine rechte Hand rettet mich.

Adonai wird meine Sache zu einem guten Ende bringen.
Adonai, deine Güte bleibt in Ewigkeit.
Lass nicht ab von all dem, was du angefangen hast!

PSALM 143

Eine Bitte um Schutz und Leitung

Ein Gotteslied von David.

Adonai, höre auf mein Gebet,
achte doch auf mein Flehen!
Antworte mir in deiner Treue und Gerechtigkeit!

Ja, geh nicht ins Gericht mit deinem Diener,
denn kein Mensch kann sich vor dir als gerecht darstellen!
Ja, der Feind verfolgt meine Seele,
er tritt mein Leben zu Boden,
er zwingt mich dazu, in der Finsternis zu sitzen
so wie die, die seit Urzeiten tot sind.

Ich habe allen Mut verloren,
mein Herz ist erstarrt in meinem Innern.
Ich denke an die früheren Zeiten,
sinne nach über alles, was du tust.
Über alle deine Werke denke ich nach.
Ich strecke meine Hände zu dir aus.
Meine Seele dürstet nach dir wie trockenes Land.
Selah!

Antworte mir schnell, ADONAI,
denn ich habe allen Mut verloren.
Verbirg deine Gegenwart nicht vor mir,
sonst werde ich wie die, die ins Grab sinken!
Lass mich schon am Morgen deine Güte erfahren,
denn auf dich vertraue ich!

Zeige mir den Weg, den ich gehen soll,
denn zu dir bringe ich alles, was mich ausmacht!
Befreie mich von meinen Feinden, ADONAI,
bei dir suche ich Schutz!
Lehre mich, so zu handeln, dass es dir gefällt,
denn du bist mein Gott!
Dein guter Geist leite mich auf ebenem Weg!

Um deines Namens willen, ADONAI, halte mich am Leben.
Weil du gerecht bist, zieh meine Seele aus der Bedrängnis!

Ja, in deiner Güte mach meine Feinde unschädlich
und lass alle umkommen, die meine Seele in die Enge treiben,
denn ich bin doch dein Diener!

SPRÜCHE 30,7-9

Gebet um Gottes Führung im Leben

Um zwei Dinge bitte ich dich!

Gewähre sie mir, bevor ich sterbe:
Unwahrheit und Betrug lass fern von mir sein!

Lass mich nicht arm und auch nicht reich werden!
Versorge mich nur mit dem, was ich zum Leben brauche!

Sonst könnte ich satt und selbstzufrieden dich verleugnen und sagen:
Wer ist denn überhaupt Adonai?

Oder, wenn ich wirklich arm würde, könnte ich stehlen und
so den Namen meines Gottes beschmutzen!

ALTES TESTAMENT
Die Prophetenbücher

JESAJA 26,1-19

Gott hilft seinem Volk

Dann wird man dieses Lied im Land von Juda singen:
Unsere Stadt ist sicher!
Zum Schutz gibt er uns Mauern und Wälle.
Öffnet die Tore! Dann kann das Volk hineinziehen,
das gerecht ist und am Glauben festhält.

Wer klar und fest bleibt, dem bewahrst du Frieden,
denn auf dich setzt er sein Vertrauen.
Vertraut auf Adonai für immer und ewig,
denn in Jah, in Adonai, ist ein Fels bis in die Ewigkeiten!

Ja, er stößt herab, die auf den Höhen wohnen,
die uneinnehmbare Stadt reißt er ein,
er stößt sie auf die Erde, sie liegt im Dreck.
Füße zertreten sie, die Tritte der Unterdrückten,
die Füße der Armen.

Eben ist der Weg des Gerechten:
Du ebnest denen den Pfad, die gerecht sind.
Selbst auf dem Weg, auf dem du richtest,
Adonai, warten wir auf dich!

Unser Herz sehnt sich danach, deinen Namen zu loben.
In der Nacht verlangt mein Herz nach dir,
ja, mein Geist sucht dich am Morgen.

Wenn du die Erde richtest, lernen die Menschen
auf der Erde, gerecht zu leben.
Doch wenn ein Gottesfeind Gnade erfährt,
lernt er dennoch nicht, gerecht zu leben.

Selbst im Land, wo das Recht gilt,
fährt er fort mit seiner Bosheit,
doch die Herrlichkeit Adonais erkennt er nicht.
Adonai, du wirkst gewaltig, aber sie nehmen es nicht einmal wahr!

Doch sie werden erkennen, wie leidenschaftlich du für dein Volk
eintrittst, und sie werden sich schämen müssen.
Das Feuer wird sie verzehren, mit dem du deine Feinde vernichtest.
Doch uns, Adonai, wirst du Frieden bereiten!
Ja, alles, was wir zustande bringen,
das hast du selbst für uns getan.

Adonai, unser Gott, außer dir haben auch andere
Herren über uns geherrscht,
doch wir ehren allein dich und deinen Namen.

Sie sind tot und werden nicht wieder lebendig,
Schatten sind sie, sie stehen nicht wieder auf.

Ja, du hast an ihnen gehandelt und sie vertilgt.
Niemals wird man sich an sie erinnern.

Doch das Volk hast du groß werden lassen, Adonai,
zahlreich ist jetzt das Volk.
So hast du deine Herrlichkeit gezeigt,
und die Grenzen des Landes hast du erweitert.

Adonai, in der Not suchten sie dich.
Als du sie straftest, stöhnten sie voller Angst.
Wie eine Schwangere kurz vor der Geburt sich krümmt
und vor Schmerzen schreit, so waren wir, Adonai, vor dir.
Auch wir sind schwanger und krümmen uns.

Doch das, was wir hervorbringen, ist nur Wind.
Und das Land retten können wir nicht,
und den Menschen können wir nicht zum Leben helfen.

Doch die Toten, die zu dir gehören, werden wieder leben,
ihre leblosen Körper werden auferstehen.

Wacht auf und jubelt, die ihr im Staub liegt!
Wie strahlendes Licht fallen deine Tautropfen,
und die Erde wird die freigeben, die im Schatten liegen.

JESAJA 38,9-20

Gebet nach schwerer Krankheit

Das ist die Aufzeichnung von Hiskia, dem König von Juda,
als er nach seiner Krankheit wieder gesund geworden war.

Da sagte ich: In meiner Lebensmitte soll ich durch
die Tore des Todes schreiten!
Was ich noch hatte an Lebensjahren, wird mir geraubt!

Ich sagte: Jetzt werde ich Jah nicht mehr sehen,
Jah im Land der Lebenden!
Die Menschen werde ich nicht mehr erblicken,
keinen, der auf der Erde lebt.

Meine Wohnung ist abgebrochen!
Sie wurde von mir genommen wie ein Hirtenzelt.
Wie ein Weber ans Ende kommt,
so habe ich mein Leben zu Ende gewebt.
Er hat meinen Lebensfaden abgeschnitten!
Zwischen Tag und Nacht lässt du mich fast sterben.

Bis zum Morgen beruhigte ich mich.
Doch wie ein Löwe brach er mir alle meine Knochen.
Zwischen Tag und Nacht lässt du mich fast sterben.
Wie eine Schwalbe oder eine Drossel, so zwitschere ich,
ich gurre wie eine Taube.

Voll Sehnsucht blicken meine Augen nach oben.
Mein Herr, ich bin in Not!
Setz dich doch für mich ein!
Was soll ich denn reden? Er hat ja zu mir gesprochen.
Er selbst hat es ja getan!

Alle meine Jahre muss ich mit betrübtem Herzen durchleben.
Herr, dadurch leben wir, und allein darin findet mein Geist Leben.
Das macht mich wieder gesund und schenkt mir das Leben.
Wirklich! All mein Glück wurde zum Unglück!

Doch du hast meine Seele vor Vernichtung bewahrt,
denn du hast alle meine Sünde weit hinter dich geworfen.
Denn das Totenreich dankt dir nicht,
und auch der Tod preist dich nicht.

Ja, die in die Grube hinabfahren, hoffen nicht mehr auf deine Treue.
Doch wer lebt, der kann dich preisen, so wie ich es heute tue.
Ja, die Väter erzählen ihren Kindern von deiner Treue.

Adonai hat mich gerettet!
Deshalb wollen wir musizieren und singen im Haus Adonais
alle Tage unseres Lebens.

JESAJA 63,15–64,11

Gebet um Gottes Eingreifen

Schau herab aus den Himmeln und blicke aus
deiner heiligen, herrlichen Wohnung!

Wo sind nun deine Leidenschaft und deine Macht?
Dein Mitleid und dein Erbarmen
ist für mich nicht zu erkennen!
Denn du bist doch unser Vater!

Abraham — er kennt uns nicht,
und Israel will nichts von uns wissen.

Du, Adonai, bist unser Vater!
Unser Erlöser — das ist von Ewigkeit her dein Name.

Adonai, warum lässt du uns abirren von deinen Wegen
und unser Herz hart werden, sodass
wir dir keine Ehrfurcht mehr entgegenbringen?
Komm doch zurück wegen deiner Diener,
wegen der Stämme, die dein Erbteil sind!

Für eine Weile haben sie dein heiliges Volk vertrieben,
unsere Feinde haben dein Heiligtum zerstört.
Als hättest du uns noch nie regiert, so sind wir geworden —
als wäre dein Name noch nie über uns genannt!

Oh dass du die Himmel auseinander rissest und
herabkämst und die Berge vor dir bebten,
damit dein Name unter deinen Gegnern bekannt wird
und die Völker vor dir zittern — so wie das Feuer
Zweige entzündet und das Wasser zum Sieden bringt.

Das geschieht, wenn du gewaltige Dinge tust,
die wir nicht erwartet haben, und herabkommst
und die Berge vor dir beben!

Das hat man seit uralter Zeit noch nie vernommen.
Kein Ohr hat das je gehört und kein Auge hat so etwas je gesehen:
einen Gott — außer dir —, der das tut für die, die auf ihn hoffen!
Du kommst den Menschen entgegen, die Gerechtigkeit gern
ausleben und auf deinen Wegen an dich denken.

Ja, du warst zornig, und wir wurden auf deinen Wegen
schuldig von uralter Zeit her! Und doch finden wir Rettung!
Wir alle sind wie Unreine, wie ein beschmutztes Kleid ist all
unsere Gerechtigkeit! Wir trockenes Laub sind wir alle verwelkt
und unser Unrecht bläst uns fort wie der Wind.

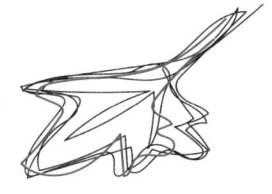
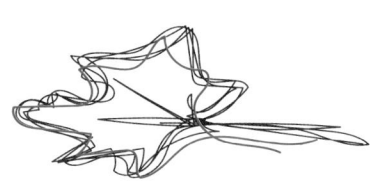

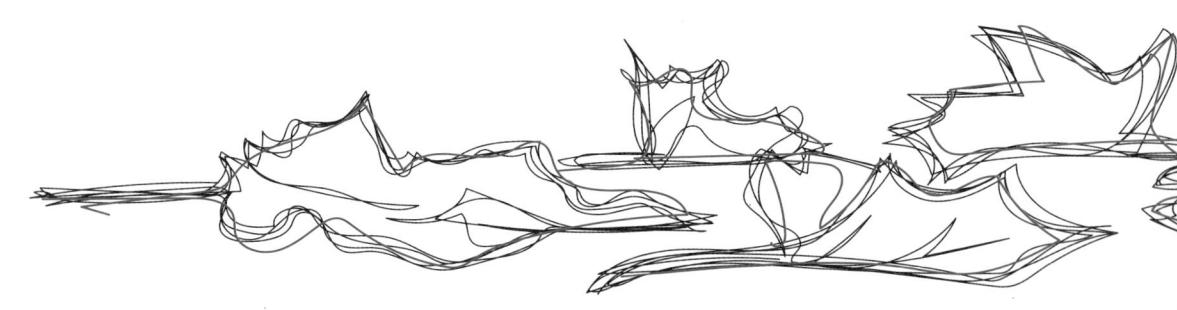

Und da ist keiner, der deinen Namen anruft,
keiner, der sich darum bemüht, an dir festzuhalten.
Ja, du hast deine Gegenwart vor uns verborgen
und hast uns in die Gewalt unseres Unrechts ausgeliefert.
Dennoch bist du, Adonai, unser Vater!

Wir sind der Ton, und du formst uns,
ja, das Werk deiner Hände sind wir alle.

Sei nicht zornig, Adonai, über die Maßen,
und denke nicht für immer an unser Unrecht!
Schau doch! Wir alle sind dein Volk!

Deine heiligen Städte wurden zur Wüste:
Die Stadt Zion wurde zur Wüste und Jerusalem zur Wildnis!
Unser heiliges, herrliches Gotteshaus, wo unsere Vorfahren
dich lobten, ist dem Feuer zum Opfer gefallen,
ja, all das, was uns wertvoll war, liegt jetzt in Trümmern!

Willst du dich zurückhalten, Adonai?
Willst du schweigen und uns so unglaublich erniedrigen?

JEREMIA 15,10.15-18

Ehrliche Klage vor Gott

Ach, meine Mutter! Dass du mich geboren hast,
mich, gegen den alle im Land kämpfen und streiten!
Ich habe niemandem etwas ausgeliehen,
und keiner hat etwas von mir geborgt,
und doch verfluchen mich alle. [...]

Du weißt das doch, ADONAI! Denke an mich und sorge für mich!

Schaffe mir Recht gegenüber denen, die mich verfolgen!
Lass mich nicht sterben! Du bist doch voller Geduld!
Denke daran, wie ich wegen dir verhöhnt werde!

Immer, wenn dein Worte mich erreichten, nahm ich sie in mich auf.
Sie wurden meine Freude und zum Schatz meines Herzens.

Ich werde ja nach deinem Namen benannt, ADONAI, Gott,
der du die Heere befehligst!

Nie setzte ich mich nieder mit denen, die feiern,
nie freute mich mit ihnen.
Ich saß allein da, denn deine Hand lag auf mir,
ja, du hast mich mit Grimm erfüllt.

Warum hat mein Schmerz kein Ende,
und warum will meine schlimme Wunde nicht heilen?
Wie eine Wasserquelle, auf die man sich nicht verlassen kann,
so kommst du mir vor!

JONA 2,3-10

Ein Gebet aus der Tiefe

Ich rief zu Adonai in meiner Bedrängnis, und er antwortete mir.
Ich schrie aus der Tiefe der Unterwelt,
und du hast auf meine Stimme gehört.

Du warfst mich in die Tiefe, mitten ins Meer hinein!
Da riss die Strömung mich mit sich fort.
All deine Wellen und Wogen brachen sich über mir.
Da dachte ich, ich wäre aus deiner Gegenwart verbannt,
ich könnte deinen heiligen Tempel nicht mehr sehen.

Die Wassermassen umgaben mich ganz und gar,
ich war gefangen in der Tiefe,
um meinen Kopf schlang sich das Seegras.
Ich sank hinunter zum Ursprung der Berge,
Erdmassen umschlossen mich für immer.
Doch du, Adonai, mein Gott,
hast mein Leben aus dem Abgrund befreit.

Als ich schon fast meine Seele aushauchte, dachte ich an Adonai,
und mein Gebet stieg auf zu dir, zu deinem heiligen Tempel.

Die sich an Nichtigem festhalten,
wenden sich ab von der Güte, die ihnen gilt.
Doch ich will dir Opfer bringen und dich dabei preisen!
Was ich versprochen habe, will ich auch tun.
Rettung findet man bei Adonai!

MICHA 7,14-20

Gottes Güte bleibt für immer

Weide dein Volk mit deinem Hirtenstab,
die Schafe, die dir gehören und die allein wohnen
mitten im Wald, im fruchtbaren Land!

Weide sie wieder in Baschan und Gilead wie in uralter Zeit!
Wie in den Tagen, als du aus dem Land Ägypten auszogst,
lasse ich sie Wundertaten sehen.

Völker werden es sehen und sich schämen,
denn sie haben keine Kraft mehr.
Sie werden ihre Hand auf den Mund legen,
und ihre Ohren werden taub werden.

Wie die Schlangen werden sie den Staub auflecken,
wie die Kriechtiere auf der Erde.
Zitternd werden sie aus ihren Höhlen kommen.
Voll Furcht wenden sie sich zu Adonai, unserem Gott,
und werden sich vor dir fürchten.

Wer ist ein Gott wie du?
Du vergibst die Schuld, du verzeihst das Unrecht der Menschen,
die noch übrig sind von dem Volk, das dein Eigentum ist!

So ist er: Sein Zorn bleibt nicht für immer,
denn er zeigt gern seine Güte.
Er wird uns wieder sein Erbarmen schenken,
wird unser Unrecht niedertreten
und alle unsere Sünden in die Meerestiefen werfen.

Jakob wirst du deine Treue zeigen und Güte dem Abraham.
Das hast du ja unseren Vorfahren schon in der Urzeit geschworen!

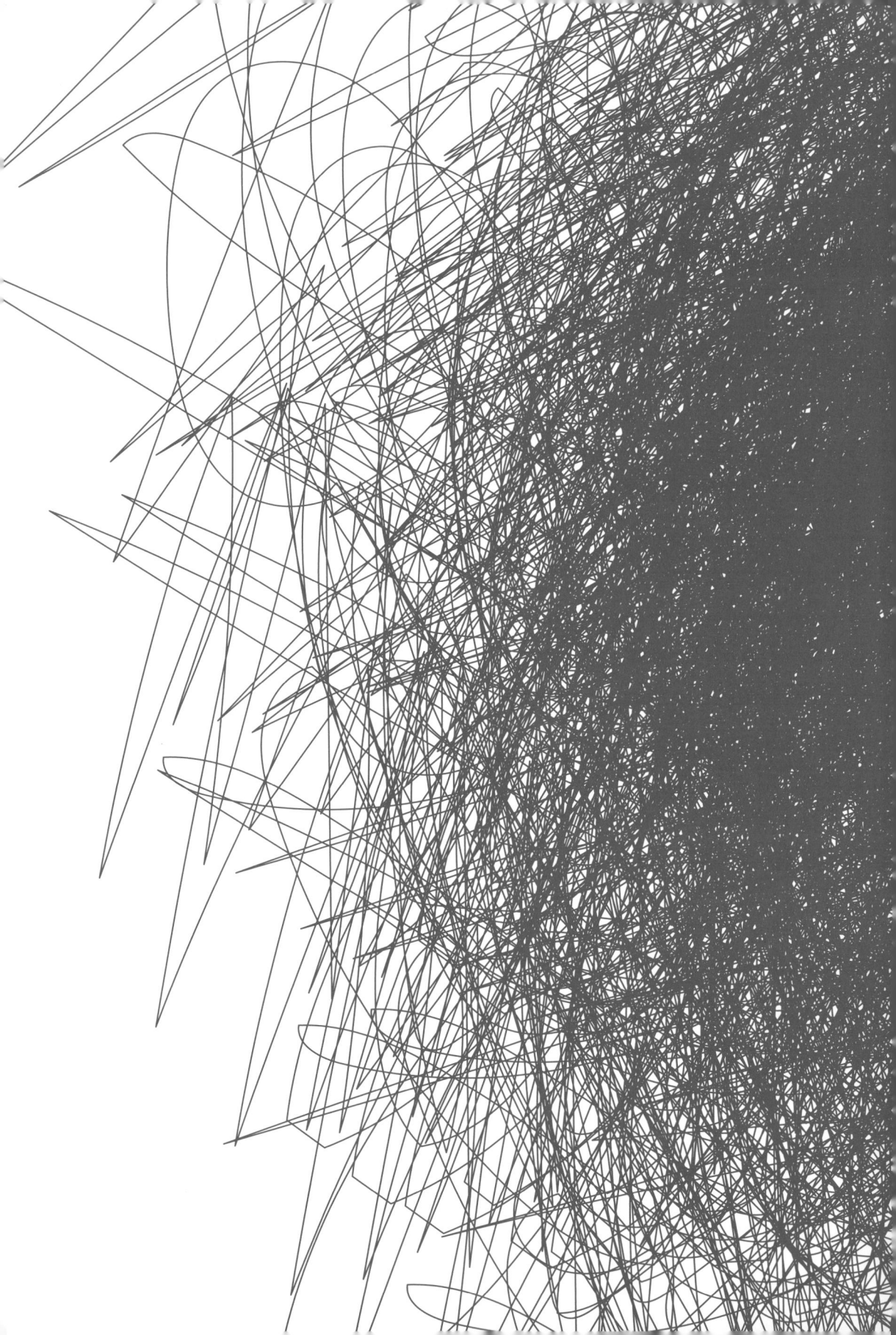

LUKAS 2,29-32

Simeons Gebet zum Lebensende

Jetzt ist es so weit, du ewiger Herrscher! Jetzt kann ich, dein Diener, in vollem Frieden weiterziehen, so wie du es mir zugesagt hast.

Denn mit meinen eigenen Augen habe ich ihn gesehen, die Rettung, die du vorbereitet hast, deutlich sichtbar vor den Augen aller Völker.

Ja, er ist das Licht, das die Nationen erleuchtet und seinen Lichtglanz über dein eigenes Volk Israel erstrahlen lässt.

JOHANNES 17

Ein Gebet, das die Welt umspannt

Nachdem Jesus das gesagt hatte, hob er seine Augen auf zum Himmel. Dann sagte er:

»Vater, die Stunde ist jetzt gekommen. Führe deinen Sohn in die Herrlichkeit. Dann wird der Sohn allen deine Herrlichkeit zeigen. Du hast ihm alle Macht über alle Menschen übertragen, denn er soll ihnen allen das ewige Leben geben. Genau darin besteht das Leben, das aus der Ewigkeit stammt, dass sie dich kennenlernen — dich, den einzig wahren Gott, und den, den du gesandt hast, Jesus Christus. Ich habe durch mein Leben auf der Erde deine Herrlichkeit gezeigt. Denn ich habe die Aufgabe, die du mir anvertraut hast, ganz zu Ende gebracht. Und nun, Vater, statte mich wieder mit der Herrlichkeit aus, die ich bei dir hatte, bevor die Welt existierte. Ich habe deinen Namen, dein wahres Wesen, den Menschen vor Augen geführt, die du aus der Welt herausgelöst und mir gegeben hast. Sie gehörten zu dir und du hast sie mir anvertraut und sie haben dein Wort fest bewahrt. Jetzt haben sie erkannt, dass alles, was du mir gegeben hast, von dir kommt. Ich habe ihnen die lebendigen Worte weitergegeben, die du mir gegeben hast. Und sie haben sie angenommen und in Wahrheit erkannt, dass ich von dir herkomme. Sie haben geglaubt, dass du mich gesandt hast.

Für sie bete ich. Ich bete nicht für die Welt, sondern für die, die du mir anvertraut hast. Denn sie sind dein Eigentum. Alles, was mein ist, ist dein, und das, was dein ist, ist mein. In ihnen, in diesen Menschen, wird meine Herrlichkeit sichtbar werden. Ich bin jetzt nicht mehr in der Welt, doch sie sind in der Welt. Ich komme nun zu dir, du heiliger Vater! Bewahre sie in der Wirklichkeit deines Namens, den du mir anvertraut hast. So sollen sie eins sein, wie auch wir eins sind. Solange ich bei ihnen war, habe ich sie bewahrt in deinem Namen, den du mir übergeben hast. Ich habe sie beschützt und kein Einziger von ihnen ist verloren gegangen. Nur der eine, der sich ganz dem Verderben hingab. Aber auch dadurch erfüllte sich die Voraussage, die im Buch Gottes niedergeschrieben ist. Jetzt komme ich zu dir. Ich spreche dies alles noch hier in dieser

Welt aus, damit sie die Erfahrung machen können, dass meine Freude in ihnen zur vollen Entfaltung kommt. Ich habe ihnen deine Botschaft anvertraut. Die Welt ist ihnen mit Hass begegnet, denn sie haben ihren Ursprung nicht in der Welt, genauso, wie auch ich nicht aus dieser Welt stamme. Meine Bitte an dich ist nicht, dass du sie aus der Welt herausnimmst, sondern dass du sie vor dem Zugriff des Bösen bewahrst. Sie stammen nicht aus dieser Welt, so wie ich auch nicht aus dieser Welt komme. Bestimme du sie ganz und gar, ja, läutere sie durch deine Wahrheit. Dein Wort ist wirklich die Wahrheit. So wie du mich als deinen Botschafter in die Welt hineingesandt hast, so sende auch ich sie in die Welt. Und ich stelle mich ganz in deine heilige Gegenwart. Das tue ich für sie, damit sie daran Anteil bekommen und auch in der Wahrheit geheiligt werden.

Mein Gebet umfasst nicht nur sie allein, sondern alle, die durch ihre Botschaft dazu bewegt werden, mir zu vertrauen. Sie sollen alle zusammen eins sein, so wie du, Vater, in mir bist und ich in dir bin. So sollen auch sie in uns sein. Und so soll die Welt glauben, dass du mich beauftragt und gesandt hast. Ja, die wunderbare Herrlichkeit, die du mir gegeben hast, habe ich ihnen gegeben, damit sie alle eins sind, so wie wir eins sind. Ich in ihnen und du in mir. So sollen sie ganz zur Vollendung kommen und ganz eins sein. Das soll geschehen, damit die Menschen auf der ganzen Welt begreifen, dass du es bist, der mich beauftragt hat. Und dass du ihnen deine Liebe gegeben hast, so wie du mir deine Liebe geschenkt hast. Vater, es ist mein Wille, dass alle Menschen, die du mir anvertraut hast, auch dort sind, wo ich bin. Sie sollen bei mir sein, damit sie meine Herrlichkeit sehen können, die wunderbare Wirklichkeit, die du mir anvertraut hast. Denn du hast mich schon vor der Erschaffung der Welt in deiner Liebe geborgen. Vater, der du durch und durch gerecht bist! Die Welt hat dich nicht erkannt. Aber ich kenne dich. Und auch diese Menschen hier haben erkannt, dass du mich beauftragt und gesandt hast. Ich habe ihnen deinen Namen bekannt gemacht und will ihn ihnen bekannt machen. So soll die Liebe, mit der du mich geliebt hast, in ihnen sein und ich in ihnen.«

NEUES TESTAMENT

Die Briefe der Apostel

RÖMER 11,33-36

Gottes unendlicher Reichtum

Was für eine unendliche Dimension des Reichtums,
der Weisheit und der Erkenntnis Gottes!
Wie unerforschbar sind seine Entscheidungen und
wie unauffindbar seine Wege!

Das unterstreicht auch die Aussage in Gottes Buch:
»Wer kann denn Einblick in Gottes Denken gewinnen?«
Oder: »Wer ist zu seinem Berater ernannt worden?«
Oder auch die Aussage:
»Wer hat ihm etwas als Vorleistung gegeben,
sodass es ihm wieder zurückgegeben werden müsste?«

Ja, so ist es: Von ihm her und durch ihn und
zu ihm hin bestehen alle Dinge!
Ihm sei alle Ehre bis in die fernsten Zukunftszeiten!

Amen, ja, so soll es sein!

RÖMER 16,25-27

Am Ende – das Lob

Ja, Gott ist in der Lage, euch stark zu machen.
Das zeigt die gute Nachricht, die ich weitergebe,
die Botschaft des Messias Jesus. Das ist das Gottesgeheimnis,
das hier deutlich geworden ist. Seit unendlichen Zeiten war es
unerkennbar, doch jetzt ist es offenbar geworden. Das bestätigen
die prophetischen Schriften. So ist es auch nach dem Auftrag
des ewigen Gottes jetzt allen Völkern bekannt gemacht worden,
damit auch sie sich mit ganzem Herzen Gott anvertrauen.

Ihm, dem alleinigen und weisen Gott, sei durch den Messias
die Ehre bis in die unendlichen Ewigkeiten gebracht!

Amen, so sei es!

2. KORINTHER 1,3-4

Der Trost Gottes

Gepriesen sei Gott, der Vater unseres Herrn,
des Messias Jesus! Er ist der Vater,
der von herzlichem Erbarmen bewegt wird,
ja, der Gott, von dem aller Trost kommt.
In all unserer Bedrängnis steht er uns bei,
sodass wir in der Lage sind,
auch anderen beizustehen,
und zwar durch die Ermutigung,
mit der wir selbst von Gott
ermutigt werden.

EPHESER 1,16-23

Ein Gebet, das den Himmel erreicht

Ich höre nicht auf, Gott für euch zu danken. Ich denke in meinen Gebeten an euch und bete darum, dass der Gott unseres Herrn und Messias Jesus, der Vater, dem alle Ehre gehört, euch den Geist der Weisheit gibt, den Geist der Offenbarung, der dazu führt, dass ihr ihn erkennen könnt.

Ich bete, dass die Augen eures Herzens erleuchtet werden, sodass ihr wissen könnt, worin die Hoffnung besteht, die in Gottes Ruf enthalten ist, und was der Reichtum seines wunderbaren Lichtglanzes beinhaltet, seines Erbes, das er denen schenkt, die zu ihm, dem heiligen Gott, gehören. Und dass ihr auch erkennt, worin die alles überragende Größe seiner Kraft besteht, die uns erreicht, die wir auf ihn vertrauen, und die sich auswirkt, so wie es seiner Stärke und seinem Vermögen entspricht.

Diese Kraft hat Gott in Jesus, dem Messias, wirksam werden lassen, als er ihn von den Toten auferweckte und ihm den Ehrenplatz an seiner rechten Seite gab. Dort ist er jetzt hoch erhoben über alle Grundgewalten und Mächte, Kräfte und Herrschaften und alle Namen, die genannt werden können, nicht nur in der gegenwärtigen Weltzeit, sondern auch in der kommenden.

Ja, alles hat Gott ihm unter seine Füße gelegt, und ihn zum Haupt über alles gesetzt, und ihn als Geschenk an die Gottesgemeinde gegeben. Das ist die Gemeinde, die Kirche, die seinen Körper bildet, die Fülle von ihm, der alles in allen erfüllt.

EPHESER 3,14-21

Fürbitte für die Gemeinde

Deshalb knie ich vor dem Vater nieder, dem wahren Ursprung von allem, was als Vater bezeichnet werden kann in den Himmelswelten und auf der Erde. Ja, Gott ist reich an Herrlichkeit, und so bete ich darum, dass er es euch schenkt, dass ihr im Kern eurer Persönlichkeit durch seinen Geist mit Kraft ausgestattet werdet.

Mein Gebet ist, dass der Messias durch das Vertrauen auf Gott in euren Herzen seine bleibende Wohnung bezieht und dass ihr eingewurzelt werdet in der Liebe und durch sie auf ein festes Fundament aufgebaut werdet, sodass ihr zusammen mit allen, die ganz auf Gottes Seite gehören, erfassen könnt, wie unsagbar groß die Dimensionen, die Breite, Länge, Höhe und Tiefe der Liebe des Messias sind, ja, dass ihr erkennt, wie sehr sie all unsere Verstehensmöglichkeiten übersteigt. So werdet ihr erfüllt werden mit der ganzen Fülle, die von Gott kommt.

Dem, der in der Lage ist, weit über das hinaus zu bewirken, was wir im Gebet erbitten oder uns überhaupt vorstellen können, gemäß der Kraft, die ihre Wirkung in uns entfaltet, dem sei Ehre gebracht in der Gottesgemeinde und im Messias Jesus, in allen Generationen, von endloser Zeit bis in alle Ewigkeiten. Amen!

1. THESSALONICHER 5,23-24

Segen und Frieden in Gott

Er selbst, der Gott des Friedens, möge euch ganz und gar auf seine Seite ziehen und prägen! Ja, euer ganzes Wesen, euer Geist, eure Seele und auch euer Körper mögen unversehrt, ohne Fehltritte, bewahrt bleiben bis zu dem Tag, wenn unser Herr, Jesus, der Messias, öffentlich sichtbar werden wird vor der ganzen Menschheit!

Vertrauenswürdig ist er, der seine Berufung auf euch gelegt hat. Er wird das auch zum Ziel bringen.

2. THESSALONICHER 2,16-17

Mut, Trost und Hoffnung

Er selbst, unser Herr, der Messias Jesus, und Gott, unser Vater, der uns seine Liebe geschenkt und uns in seiner bedingungslosen Zuwendung einen alle Zeiten überspannenden Trost und eine wirklich verlässliche Hoffnung gegeben hat, der möge eure Herzen ermutigen und stark machen!
So könnt ihr dann jedes gute Werk anpacken und jedes gute Wort sagen.

HEBRÄER 13,20-21

Der Segen des Messias

Der Gott, von dem der wahre Frieden kommt, er, der unseren Herrn, den Messias Jesus, den großen Schafhirten, aus dem Reich des Todes wieder ins Leben heraufgeführt und das besiegelt hat durch das Blut, das eine ewige Verbindung zu Gott ermöglicht, der stärke euch in allem, was wirklich gut ist, sodass ihr seinen Willen in die Tat umsetzen könnt! Dem, der in uns allen das bewirkt, was vor Gott wohlgefällig ist, durch den Messias Jesus, dem sei Ehre in alle Ewigkeiten hinein!

Amen, so soll es sein.

1. PETRUS 1,3

Hoffnung, die Leben ermöglicht

Hochgelobt sei Gott! Er, der Vater unseres Herrn, des Messias Jesus!
In seinem Erbarmen hat er uns eine neue Geburt geschenkt,
und jetzt sind wir erfüllt von der Hoffnung, die Leben ermöglicht.
Das alles ist Wirklichkeit geworden, weil er, der Messias Jesus,
von den Toten auferstanden ist.

JUDAS 24

Lobpreis der Herrlichkeit Gottes

Doch dem, der in der Lage ist, euch zu bewahren und euch vor seinen unbeschreiblichen Lichtglanz hinzustellen, wo ihr ohne jeglichen Tadel und voll jubelnder Freude stehen werdet, ihm, dem alleinigen Gott, der durch unseren Herrn, Jesus, den Messias, unser Retter ist, dem steht alle Ehre zu, alle Majestät, Gewalt und Vollmacht vor allen Zeitaltern und auch in der Gegenwart und bis in alle Ewigkeiten hinein.

Ja, so soll und wird es sein!

NEUES TESTAMENT

Die Offenbarung

OFFENBARUNG 5,9-10.12.13

Das Loblied vor Gottes Thron

Sie singen ein neues Lied, das so lautet:

»Würdig bist du, die Buchrolle zu nehmen und die Siegel aufzubrechen!
Ja, du bist als Schlachtopfer dargebracht worden und
hast mit deinem eigenen Blut Menschen für Gott freigekauft,
aus jedem Volksstamm und jeder Sprachgruppe,
jedem Volk und jeder Nation.

So hast du sie für unseren Gott zu einem Königtum und
zu Priestern gemacht,
und sie werden auf der Erde regieren.«

»Würdig ist das Lamm, das als Opfer dargebracht wurde,
zu nehmen Macht und Reichtum, Weisheit und Kraft,
Ehre und Herrlichkeit und Lob!«

»Dem, der auf dem Thron sitzt, und dem Lamm
gebühren Lob und Ehre, Herrlichkeit und Macht bis
in die Ewigkeit der Ewigkeiten!«

OFFENBARUNG 7,10.12

Ein siebenfaches Gotteslob

»Das Heil gebührt unserem Gott,
der auf dem Thron sitzt, und dem Lamm!«

»Amen, ja, so sei es!
Lob und Herrlichkeit, Weisheit und Danksagung,
Ehre und Kraft und Macht
sei unserem Gott bis in alle Ewigkeiten hinein!«

OFFENBARUNG 15,3B-4

Am Ende steht Gott

»Gewaltig und wunderbar sind deine Taten, Herr, Gott, Allherrscher!
Gerecht und wahrhaftig sind deine Wege, du König der Nationen!

Wer sollte dir nicht mit Ehrfurcht begegnen, Herr,
und deinen Namen verherrlichen?
Denn du allein bist heilig!

Ja, alle Nationen werden kommen und
sich anbetend vor dir niederwerfen,
denn deine Urteile sind jetzt sichtbar geworden!«

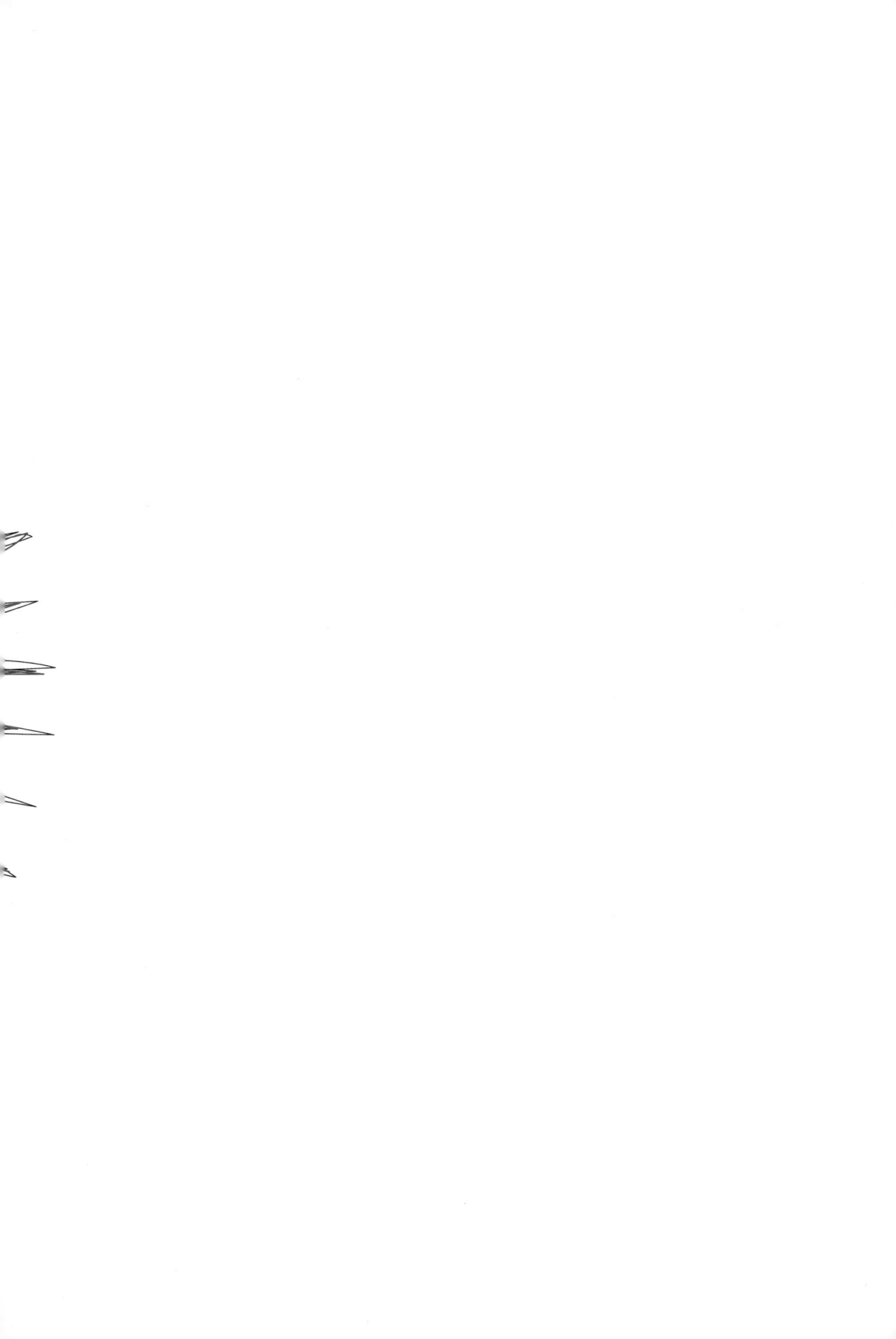

ISBN 978-3-417-26198-1
(Klecks)

ISBN 978-3-417-26199-8
(Kunstleder)

ISBN 978-3-417-26197-4
(Aquarellfarbe)

Roland Werner
Das Buch, Neues Testament und Psalmen, Taschenausgabe

Die kombinierte Ausgabe – NT mit Psalmen – hat das Ziel, Menschen des 21. Jahrhunderts mit Gottes Wort anzusprechen. Genauigkeit der Übersetzung, stilsichere Sprache, Verständlichkeit für heute – das sind die Kennzeichen der Übersetzung „das buch." Diese Ausgabe im handlichen Taschenformat wird man gern zur Hand nehmen.

Gebunden, 12 x 18 cm, 822 S.

Auch als E-Book e · Auch als Hörbuch (Siehe nächste Seite)

Roland Werner, Andreas Malessa (Interpret)
Das Buch – Neues Testament und Psalmen
Hörbuch (MP3)

Die Übersetzung des Neuen Testaments von Roland Werner „das buch" hat in diesem Hörbuch ihren passenden Sprecher gefunden! Die angenehme und ausdrucksstarke Stimme von Andreas Malessa möchte man wieder und wieder hören. Das Neue Testament und die Psalmen. Eine Wohltat für Ohr und Seele, wenn man unterwegs ist oder zu Hause zur Ruhe kommt.

CD
ISBN 978-3-417-26818-8

Auch als E-Book